2015 中国国有林场发展报告

国家林业局

中国林业出版社

图书在版编目(CIP)数据

2015 中国国有林场发展报告 / 国家林业局主编. —北京：
中国林业出版社，2018.1
ISBN 978-7-5038-9422-0

Ⅰ. ①2…　Ⅱ. ①国…　Ⅲ. ①国营林场 – 经济发展 – 研究
报告 – 中国 – 2015　Ⅳ. ①F326.2

中国版本图书馆 CIP 数据核字(2018)第 024207 号

出版： 中国林业出版社(100009　北京西城区德胜门内大街刘海胡同 7 号)
E-mail： Lucky70021@sina.com　**电话：** 010 – 83143520
发行： 中国林业出版社总发行
印刷： 三河市祥达印刷有限公司
印次： 2018 年 1 月第 1 版第 1 次
开本： 787mm×1092mm　1/16
印张： 12
字数： 240 千字
定价： 68.00 元

《2015 中国国有林场发展报告》

编辑委员会

主　任　　张建龙

副主任　　杨　超　　刘国强

委　员　　刘春延　　管长岭　　马国青　　欧国平　　闫　平

编写组

组　长　　刘春延　　管长岭　　马国青

副组长　　欧国平　　闫　平

成　员　　郑欣民　　杜书翰　　张　志　　宋知远　　张　静

　　　　　刘　鹏　　赵鹏武　　涂　琼　　慕晓炜　　邓立斌

　　　　　刁鸣军　　邹全程　　黄瑞荣　　郭立新　　梦　莉

　　　　　桑轶群　　徐健楠　　刘海令　　郭丰毅　　杨旭东

　　　　　王　强　　崔雪晴　　姚启超

前　言

2015年在我国国有林场发展史上是具有里程碑意义的一年。中共中央 国务院做出全面启动国有林场改革的重大决策，破解长期制约国有林场发展的体制、机制等障碍，将国有林场改革纳入国家战略。国务院有关部门、地方各级人民政府，以及各级、各类国有林场干部职工，认真贯彻落实党中央、国务院关于国有林场改革发展的决策部署，紧紧围绕"保生态、保民生、保稳定"的目标，着力创新国有林场管理体制机制，落实政策支持体系，全面推进我国国有林场事业健康发展。

2月8日，中共中央、国务院印发《国有林场改革方案》（中发〔2015〕6号），明确国有林场改革的总体目标、指导思想、基本原则、主要任务及改革发展的政策支持体系。这是党中央、国务院对国有林场改革首次做出全面部署，是建设生态文明和美丽中国的标志性大事，在我国森林发展史、林业发展史上具有里程碑意义。《国有林场改革方案》的印发，标志着国有林场改革上升为重大国家战略和全面深化改革的重大国家举措，标志着党中央、国务院站在维护国家生态安全、推进生态文明建设、实现中华民族永续发展的历史角度和战略高度，吹响了全面推进国有林场改革的进军号角。

3月17日，国务院召开全国国有林场和国有林区改革工作电视电话会议。这是首次以国务院名义召开的国有林场工作会议。国务院副总理汪洋同志出席会议并做重要讲话，国家发展和改革委员会（以下简称"国家发改委"）、财政部、银监会和国家林业局等部门负责同志分别做了发言。会议要求，要认真贯彻落实党中央、国务院关于深化国有林场改革的决策部署，围绕发挥生态功能、维护生态安全的战略定位，加快健全森林资源监管体制，创新资源管护方式，完善支持政策体系，推动林业发展由木材生产为主转向生态修复和建设为主、由利用森林获取经济利益为主转向提供生态服务为主，为促进生态文明建设和经济社会可持续发展提供有力保障。会议强调，坚持生态导向，保护优先，是国有林场改革的第一原则。要积极推进国有林场林区政企、政事分开，形成精简高效的国有森林资源管理机构，建立归属清晰、权责明确、监管有效的森林资源产权制度。要立足发挥绿色资源优势，大力发展特色产业、替代产业、接续产业，多措并举促进职工就业增收，加快完善基础设施和公共服务，妥善解决基本民生问题。各省级人民政府和国家有关部门要明确改革任务，落实支持政策，切实加强领导，认真组织实施。

国家林业局牢牢把握中央6号文件出台的历史机遇，将国有林场改革工作定为2015年重点督办的15件事项之首，作为林业头等大事组织实施，以改革统揽全局，扎实推进国有林场改革的组织管理与工作部署；印发《关于深入学习宣传贯彻中央6号文件精神的通知（林办发〔2015〕32号)》，要求各省（自治区、直辖市）林业厅（局）及各直属单位深入学习和贯彻文件精神，准确把握国有林场和国有林区改革的基本要求，切实做好学习宣传、培训、方案编制及落实政策等工作；组织开展绿色大讲堂，赵树丛同志主持并就进一步深入学习中央6号文件精神做出工作部署，张建龙同志专题解读中央6号文件的主要精神；组成9个调研组，由局领导班子成员带队，分赴21个省（自治区、直辖市）开展改革调研、督导；印发《国有林场备案办法》（林场发〔2015〕120号)，为规范国有林场备案程序，促进健康发展提供保障；在江西召开"全国国有林场改革现场会"，总结交流先进经验，对改革工作再动员、再部署。

国务院有关部门各司其职，各负其责，通力合作，落实中发〔2015〕6号文件，出台一系列改革扶持政策，为国有林场改革顺利推进保驾护航。国家发展和改革委员会办公厅、国家林业局办公室印发《国有林场改革方案》和《国有林区改革指导意见》重点工作分工的通知（发改办经体〔2015〕1911号）；财政部2015年安排黑龙江、吉林、内蒙古等12个省（自治区）改革补助资金约36.3亿元，截至2015年年底，累计安排国有林场改革补助资金约72.9亿元，安排国有贫困林场扶贫资金4.2亿元；人力资源和社会保障部（简称"人社部"）、国家林业局出台《国有林场岗位设置管理指导意见》，对国有林场岗位类别、岗位结构、岗位等级，特别是专业技术岗位名称及岗位等级做出明确规定，提出以技术岗位和工勤技能岗位为主、高级技术岗位"上不封顶"、专业技术中级岗位及工勤技能一二级岗位比例均适当高于全国平均水平等岗位设置原则和具体要求；国家发改委和国家林业局联合印发《关于加快编制上报省级国有林场改革实施方案的紧急通知》及《国有林场改革试点验收办法（发改办经体〔2015〕1616号)》，共同主持召开第四次改革工作小组会议，国家发改委、财政部、中央机构编制委员会办公室（以下简称"中央编办"）、民政部、人力资源和社会保障部、国土资源部、住房和城乡建设部、交通运输部、水利部、国家林业局、银监会等11个部委参加了会议；交通运输部下发《贯彻落实中央6号文件促进国有林场道路持续健康发展的通知》，要求各省（自治区、直辖市）交通运输厅（局、委）认真贯彻好国有林场（区）全面改革、理顺体制机制的要求，与省级林业主管部门协调对接，做好国有林场（区）道路现状、规划及道路功能属性等核实摸底工作，按照道路属性类别纳入相关公路网规划，并统筹安排好建设和养护计划，促进国有林场（区）与周边地区交通运输基本公共服务均等化。部门通力合作，有针对性地出台系列政策扶持文件，保障了国有林场（区）改革顺利推进。

各省级人民政府，高度重视国有林场改革发展工作，结合本地实际，将落实中发〔2015〕6号文件精神作为全省工作的重中之重，全力推进。截至2015年年底，国家国有林场林区改革工作小组对广东等8个省（自治区、直辖市）方案完成审批，另有13个省的省级方案正在征求意见和通过省政府常务会审议。23个省（自治区、直辖市）组成由主要领导任组长的国有林场改革工作小组。

广东省率先启动国有林场改革，省委、省人民政府印发《广东省国有林场改革实施方案》。这是中发〔2015〕6号文件发布以来，第一个经省委、省人民政府审议通过并获国家批复的省级实施方案，也是第一个以省委文件印发的省级改革实施方案，标志着广东省贯彻中发

〔2015〕6号文件精神率先迈出了全面启动国有林场改革的实质性步伐，为全国国有林场改革带了好头。广东省国有林场改革方案的主要亮点有3个：一是明确国有林场公益性取向，将全省国有林场全部界定为公益性事业单位；二是强化林地林木资源管理，明确要求2015年年底前完成国有林场林权确权发证；三是财政支持政策有力，省财政对省属林场、原中央苏区县和少数民族县按照2万元/人的标准给予补助，对其他欠发达地区按照1.5万元/人的标准给予补助，珠三角地区改革资金由市、县财政解决。同时，省财政按1元/亩*的标准安排国有林场改革工作经费，为改革提供了坚强有力的保障。浙江、江西等6省的国有林场改革试点通过了国家国有林场和国有林区改革工作小组组织的联合验收，完成了体制改革、机制创新、民生改善等国有林场改革试点任务，坚持了生态公益改革方向，保障改善了民生，创新了发展机制，完善了支持政策，保护了森林资源，赢得了林场干部职工的拥护支持，得到了各级领导和有关部门的好评，为全国国有林场改革积累了宝贵经验。特别是江西"始终坚持公益性改革方向、地方政府作为责任主体、部门联动合力推进改革、地方财政承担改革资金兜底责任、民生为本解决改革的难点问题、严把改革质量关"的改革经验，为全国发挥了重要的引领示范作用。

加大宣传力度，举办竞赛活动，为国有林场改革发展营造良好氛围。国家发展改革委副主任连维良就推进国有林场和国有林区改革问题答记者问；《中国绿色时报》记者就推进国有林场和国有林区改革问题，专访时任国家林业局局长赵树丛；国新办举办新闻发布会，时任国家林业局副局长张建龙答记者问。国家林业局组织新华社、《人民日报》、《经济日报》、《中国绿色时报》等中央和地方100余家媒体开展"绿水青山 生态脊梁——百家媒体百名记者进林场"主题宣传活动，在《人民日报》、《新华社》、《中国改革报》、《人民网》等主流媒体上发表《承德木兰林场连续6年将砍伐指标主动减半》、《国有林场生存现状调查》等140余篇作品，深入解读了相关政策、直面了改革问题、

---

* 1亩=0.0667公顷。全书同。

宣传了先行先试的成功模式和经验，为全面推进国有林场改革营造浓厚氛围，发挥了良好的舆论助推作用。由国家林业局、中国就业培训技术指导中心和中国农林水利工会主办，黑龙江省林业厅承办，在黑龙江省宾县万人欢林场成功举办了"2015 年中国技能大赛——全国国有林场职业技能竞赛"活动，27 个省（自治区、直辖市）及四大森工集团、中国林业科学院的 32 个代表队参加了竞赛。这是全国林业系统唯一的国家级二类竞赛，其成功举办，激发了精益求精的拼搏精神，展示了积极进取的时代风采，达到了提升技能促生态、历练队伍促改革的良好效果。在广西，国有高峰林场成功举办全国国有林场职工思想政治工作演讲大赛，参赛选手围绕"我与国有林场"主题，以"林场人"的视角，深情演绎了林场人的"改革情"和"林场梦"，激发了广大干部职工的创业激情，振奋了干部职工投身改革发展的精神。

改革促进了国有林场森林资源保育工作，森林经营管理水平不断提高，发展活力和后劲显著增强。全年完成人工造林 72.8 万公顷，中幼林抚育 381.6 万公顷，完成森林经营方案编制及修订工作的林场达 2383 个，"中国北方森林经营实验示范区"在河北省木兰围场国有林场建成。截至 2015 年年底，全国国有林场经营面积 0.76 亿公顷，其中林业用地面积 0.58 亿公顷，森林面积 0.45 亿公顷，森林蓄积量 23.4 亿立方米，分别占全国林业用地面积、森林面积和森林蓄积量的 19%、23% 和 17%。国有林场基础设施不断改善，国有贫困林场扶贫力度持续加大。国有林场危旧房改造工程竣工 45.6 万户，新开工建设 14104 户，40 万户林场职工喜迁新居。林场职工人均住房面积从改造前的 16 平方米提升至 27 平方米，基本结束了国有林场职工住工棚的历史。危旧房改造这项国有林场发展史上最大的民生工程，实现了林场人的住房梦，优化了林区生产力布局，促进了林场办学、办医院等社会职能分离，推动了林场职工融入城镇，有效改善了子女就学、就医条件，有力助推了国有林场改革与发展。

总之，2015 年国有林场改革取得重大突破，发展成就举世瞩目。在认真回顾和总结 2015 年推进国有林场改革发展的基础上，国家林业局场圃总站组织编撰了《2015 中国国有林场发展报告》，本书从国有林场改革、保护与经营、扶贫工作成效、产业发展、基础设施建设、能力建设、宣传与文化建设等方面全面记录我国国有林场2015年的重要事件,其宗旨和目的是通过对一年来国有林场改革主要进展和成效的展示,让更多的人了解、关心和支持国有林场改革工作,为国有林场改革创造良好、宽松的氛围和环境,助推国有林场改革,不断增强内生动力,推动我国国有林场走上可持续发展道路,为建设生态文明和美丽中国创造更好的生态条件。

《2015中国国有林场发展报告》内容全面,资料翔实,经验突出,范例典型,具有较强的科学性、严谨性、指导性和实用性,是各级林业行政主管部门及相关部门、科研教学单位及国有林场干部职工研究、推进国有林场工作的重要参考。

编　者

目　录

第一章 国有林场改革

2015 年 2 月 8 日，中共中央 国务院以中发〔2015〕6 号文件印发了《国有林场改革方案》和《国有林区改革指导意见》，明确了国有林场改革的指导思想、基本原则、总体目标、主要内容及政策支持体系。国家林业局、各省（自治区、直辖市）党委及政府做出重要批示和指示，通过组织召开绿色大讲堂、专访主要领导、改革推进会、改革现场会、实地调研等形式全面推进国有林场改革，总体进展顺利、成效显著。

一、顶层设计

（一）《国有林场改革方案》印发

专栏 1

国有林场改革方案

保护森林和生态是建设生态文明的根基，深化生态文明体制改革，健全森林与生态保护制度是首要任务。国有林场是我国生态修复和建设的重要力量，是维护国家生态安全最重要的基础设施，在大规模造林绿化和森林资源经营管理工作中取得了巨大成就，为保护国家生态安全、提升人民生态福祉、促进绿色发展、应对气候变化发挥了重要作用。但长期以来，国有林场功能定位不清、管理体制不顺、经营机制不活、支持政策不健全，林场可持续发展面临严峻挑战。为加快推进国有林场改革，促进国有林场科学发展，充分发挥国有林场在生态建设中的重要作用，制定本方案。

一、国有林场改革的总体要求

（一）指导思想。全面贯彻落实党的十八大和十八届三中、四中全会精神，深入实施以生态建设为主的林业发展战略，按照分类推进改革的要求，围绕保护生态、保障职工生活两大目标，推动政事分开、事企分开，实现管护方式创新和监管体制创新，推动林业发展模式由木材生产为主转变为生态修复和建设为主、由利用森林获取经济利益为主转变为保护森林提供生态服务为主，建立有利于保护和发展森林资源、有利于改善生态和民生、有利于增强林业发展活力的国有林场新体制，为维护国家生态安全、保护生物多样性、建设生态文明做出更大贡献。

（二）基本原则

——坚持生态导向、保护优先。森林是陆地生态的主体，是国家、民族生存的资本和根基，关系生态安全、淡水安全、国土安全、物种安全、气候安全和国家生态外交大局。要以维护和提高森林资源生态功能作为改革的出发点和落脚点，实行最严格的国有林场林地和林木资源管理制度，确保国有森林资源不破坏、国有资产不流失，为坚守生态红线发挥骨干作用。

——坚持改善民生、保持稳定。立足林场实际稳步推进改革，切实解决好职工最关心、最直接、最现实的利益问题，充分调动职工的积极性、主动性和创造性，确保林场稳定。

——坚持因地制宜、分类施策。以"因养林而养人"为方向，根据各地林业和生态建设实际，探索不同类型的国有林场改革模式，不强求一律，不搞一刀切。

——坚持分类指导、省级负责。中央对各地国有林场改革工作实行分类指导，在政策和资金上予以适当支持。省级政府对国有林场改革负总责，根据本地实际制定具体改革措施。

（三）总体目标。到2020年，实现以下目标：

——生态功能显著提升。通过大力造林、科学营林、严格保护等多措并举，森林面积增加1亿亩以上，森林蓄积量增长6亿立方米以上，商业性采伐减少20%左右，森林碳汇和应对气候变化能力有效增强，森林质量显著提升。

——生产生活条件明显改善。通过创新国有林场管理体制、多渠道加大对林场基础设施的投入，切实改善职工的生产生活条件。拓宽职工就业渠道，完善社会保障机制，使职工就业有着落、基本生活有保障。

——管理体制全面创新。基本形成功能定位明确、人员精简高效、森林管护购买服务、资源监管分级实施的林场管理新体制，确保政府投入可持续、资源监管高效率、林场发展有后劲。

二、国有林场改革的主要内容

（一）明确界定国有林场生态责任和保护方式。将国有林场主要功能明确定位于保护培育森林资源、维护国家生态安全。与功能定位相适应，明确森林资源保护的组织方式，合理界定国有林场属性。原为事业单位的国有林场，主要承担保护和培育森林资源等生态公益服务职责的，继续按从事公益服务事业单位管理，从严控制事业编制；基本不承担保护和培育森林资源、主要从事市场化经营的，要推进转企改制；暂不具备转企改制条件的，要剥离企业经营性业务。目前已经转制为企业性质的国有林场，原则上保持企业性质不变，通过政府购买服务实现公益林管护，或者结合国有企业改革探索转型为公益性企业，确有特殊情况的，可以由地方政府根据本地实际合理确定其属性。

（二）推进国有林场政事分开。林业行政主管部门要加快职能转变，创新管理方式，减少对国有林场的微观管理和直接管理，加强发展战略、规划、政策、标准等制定和实施，落实国有林场法人自主权。在稳定现行隶属关系的基础上，综合考虑区位、规模和生态建设需要等因素，合理优化国有林场管理层级。对同一行政区域内规模过小、分布零散的林场，根据机构精简和规模经营原则整合为较大林场。科学核定事业编制，用于聘用管理人员、专业技术人员和骨干林业技能人员，经费纳入同级政府财政预算。强化对编制使用的监管，事业单位新进人员除国家政策性安置、按干部人事权限由上级任命及涉密岗位等确需使用其他方法选拔任用人员外，都要实行公开招聘。

（三）推进国有林场事企分开。国有林场从事的经营活动要实行市场化运作，对商品林采伐、林业特色产业和森林旅游等暂不能分开的经营活动，严格实行"收支两条线"管理。鼓励优强林业企业参与兼并重组，通过规模化经营、市场化运作，切实提高企业性质国有林场的运营效率。加强资产负债的清理认定和核查工作，防止国有资产流失。要加快分离各类国有林场的办社会职能，逐步将林场所办学校、医疗机构等移交属地管理。积极探索林场所办医疗机构的转型或改制。根据当地实际，逐步理顺国有林场与代管乡（镇）、村的关系。

（四）完善以购买服务为主的公益林管护机制。国有林场公益林日常管护要引入市场机制，通过合同、委托等方式面向社会购买服务。在保持林场生态系统完整性和稳定性的前提下，按照科学规划原则，鼓励社会资本、林场职工发展森林旅游等特色产业，有效盘活森林资源。企业性质国有林场经营范围内划分为公益林的部分，由中央财政和地方财政按照公益林核定等级分别安排管护资金。鼓励社会公益组织和志愿者参与公益林管护，提高全社会生态保护意识。

（五）健全责任明确、分级管理的森林资源监管体制。建立归属清晰、权责明确、监管有效的森林资源产权制度，建立健全林地保护制度、森林保护制度、森林经营制度、湿地保护制度、自然保护区制度、监督制度和考核制度。按照林地性质、生态区位、面积大小、监管事项、对社会全局利益影响的程度等因素由国家、省、市三级林业行政主管部门分级监管，对林地性质变更、采伐限额等强化多级联动监管，充分调动各级监管机构的积极性。保持国有林场林地范围和用途的长期稳定，严禁林地转为非林地。建立制度化的监测考核体制，加强对国有林场森林资源保护管理情况的考核，将考核结果作为综合考核评价地方政府和有关部门主要领导政绩的重要依据。加强国家和地方国有林场森林资源监测体系建设，建立健全国有林场森林资源管理档案，定期向社会公布国有林场森林资源状况，接受社会监督，对国有林场场长实行国有林场森林资源离任审计。实施以提高森林资源质量和严格控制采伐量为核心的国有林场森林资源经营管理制度，按森林经营方案编制采伐限额、制定年度生产计划和开展森林经营活动，各级政府对所管理国有林场的森林经营方案编制和实施情况进行检查。探索建立国有林场森林资源有偿使用制度。利用国有林场森林资源开展森林旅游等，应当与国有林场明确收益分配方式；经批准占用国有林场林地的，应当按规定足额支付林地林木补偿费、安置补助费、植被恢复费和职工社会保障费用。启动国有林场森林资源保护和培育工程，合理确定国有林场森林商业性采伐量。加快研究制定国有林场管理法律制度措施和国有林场中长期发展规划等。探索建立国家公园。

（六）健全职工转移就业机制和社会保障体制。按照"内部消化为主，多渠道解决就业"和"以人为本，确保稳定"的原则妥善安置国有林场富余职工，不采取强制性买断方式，不搞一次性下岗分流，确保职工基本生活有保障。主要通过以下途径进行安置：一是通过购买服务方式从事森林管护抚育；二是由林场提供林业特色产业等工作岗位逐步过渡到退休；三是加强有针对性的职业技能培训，鼓励和引导部分职工转岗就业。将全部富余职工按照规定纳入城镇职工社会保险范畴，平稳过渡、合理衔接，确保职工退休后生活有保障。将符合低保条件的林场职工及其家庭成员纳入当地居民最低生活保障范围，切实做到应保尽保。

三、完善国有林场改革发展的政策支持体系

（一）加强国有林场基础设施建设。国有林场基础设施建设要体现生态建设需要，不能简单照搬城市建设。各级政府将国有林场基础设施建设纳入同级政府建设计划，按照支出责任和财务隶属关系，在现有专项资金渠道内，加大对林场供电、饮水安全、森林防火、管护站点用房、有害生物防治等基础设施建设的投入，将国有林场道路按属性纳入相关公路网规划。加快国有林场电网改造升级。积极推进国有林场生态移民，将位于生态环境极为脆弱、不宜人居地区的场部逐步就近搬迁到小城镇，提高与城镇发展的融合度。落实国有林场职工住房公积金和住房补贴政策。在符合土地利用总体规划的前提下，按照行政隶属关系，经城市政府批准，依据保障性安居工程建设的标准和要求，允许国有林场利用自有土地建设保障性安居工程，并依法依规办理土地供应和登记手续。

（二）加强对国有林场的财政支持。中央财政安排国有林场改革补助资金，主要用于解决国有林场职工参加社会保险和分离林场办社会职能问题。省级财政要安排资金，统筹解决国有林场改革成本问题。具备条件的支农惠农政策可适用于国有林场。将国有贫困林场扶贫工作纳入各级政府扶贫工作计划，加大扶持力度。加大对林场基本公共服务的政策支持力度，促进林场与周边地区基本公共服务均等化。

（三）加强对国有林场的金融支持。对国有林场所欠金融债务情况进行调查摸底，按照平等协商和商业化原则积极进行化解。对于正常类金融债务，到期后依法予以偿还；对于国有或国有控股金融机构发放的、国有林场因营造公益林产生的不良债务，由中国银监会、财政部、国家林业局等有关部门研究制定具有可操作性的化解政策；其他不良金融债务，确因客观原因无法偿还的，经审核后可根据实际情况采取贷款展期等方式进行债务重组。符合呆账核销条件的，按照相关规定予以核销。严格审核不良债务，防止借改革逃废金融机构债务。开发适合国有林场特点的信贷产品，充分利用林业贷款中央财政贴息政策，拓宽国有林场融资渠道。

（四）加强国有林场人才队伍建设。参照支持西部和艰苦边远地区发展相关政策，引进国有林场发展急需的管理和技术人才。建立公开公平、竞争择优的用人机制，营造良好的人才发展环境。适当放宽艰苦地区国有林场专业技术职务评聘条件，适当提高国有林场林业技能岗位结构比例，改善人员结构。加强国有林场领导班子建设，加大林场职工培训力度，提高国有林场人员综合素质和业务能力。

四、加强组织领导，全面落实各项任务

（一）加强总体指导。有关部门要加强沟通，密切配合，按照职能分工抓紧制定和完善社会保障、化解债务、职工住房等一系列支持政策。国家发展改革委和国家林业局要做好统筹协调工作，根据不同区域国有林场实际，切实做好分类指导和服务，加强跟踪分析和督促检查，适时评估方案实施情况。方案实施过程中出现的重大问题及时上报国务院。

（二）明确工作责任。各省（自治区、直辖市）政府对国有林场改革负总责，按照本方案确定的目标、任务和政策措施，结合实际尽快制定具体方案，确保按时完成各项任务目标。加强国有林场管理机构建设，维护国有林场合法权益，保持森林资源权属稳定，严禁破坏国有森林资源和乱砍滥伐、滥占林地、无序建设。做好风险预警，及时化解矛盾，确保社会稳定。

（二）动员部署

2015年3月17日，国务院召开了全国国有林场和国有林区改革工作电视电话会议，对国有林场、国有林区改革进行动员部署，汪洋副总理在会上做了重要讲话。

专栏2

汪洋副总理在国有林场改革电视电话会议上讲话选编
扎实推进国有林场和国有林区改革

党中央、国务院高度重视国有林场和国有林区改革工作，十分关心林业广大干部职工。习近平总书记多次听取国有林场林区改革情况汇报、做出重要指示，并亲临林区进行调研指导。李克强总理主持召开国务院常务会议，专题研究国有林场和国有林区改革工作。2015年2月8日，中共中央、国务院正式印发了《国有林场改革方案》和《国有林区改革指导意见》，标志着国有林场林区改革进入了实质性推进阶段。2015年《政府工作报告》进一步要求深化国有林场林区改革。全国"两会"刚结束，经国务院同意，今天就召开这次电视电话会议，主要任务是认真学习贯彻中央关于国有林场和国有林区改革的重大决策，对国有林场和国有林区改革进行动员部署。刚才，发展改革委、财政部、银监会、林业局有关负责同志分别就做好相关工作讲了很好的意见，我都赞同，请各地区、各有关部门结合实际抓好贯彻落实。下面，我讲几点意见。

一、充分认识加快国有林场和国有林区改革的重要性和紧迫性

森林作为陆地生态系统的主体，是国家、民族生存的资本和根基。国有林场林区森林面积虽然只占全国40%左右，但天然林面积占一半以上、林木蓄积占2/3左右，并且大多数集中分布在大江大河源头、主要水库周围、黄土风沙前线等重点生态脆弱和敏感的地区，是我国最重要的生态安全屏障和森林资源基地，在经济社会发展和生态文明建设中发挥着不可替代的重要作用。多年来，国有林场林区广大干部职工在艰苦条件下辛勤工作，为服务经济建设、保护和培育森林资源、保障国家生态安全，做出了重要贡献。但由于国有林场林区长期功能定位不清晰、管理体制不完善、经营机制不活、支持政策不力，致使森林资源开发过度，民生问题较为突出，严重制约了生态安全保障能力的提升。这次中央作出全面启动

国有国有林场国有林区改革的重大决策，是破解长期以来制约国有林场和国有林区发展体制机制障碍的战略性和根本性举措，具有十分重大的意义。我们一定要深刻领会认识、全面贯彻落实。

第一，深化国有林场和国有林区改革是更好保障国家生态安全的迫切需要。目前虽然国有林场和国有林区森林资源长期过度开发的势头明显有所遏制，但一些重点国有林区仍在持续过度采伐森林资源，可采森林资源濒临枯竭，生态功能严重退化；大多数国有林场没有把主要精力集中到保护和培育森林资源上来，森林的结构和质量得不到提高。同时，随着工业化、城镇化进程的快速发展，非法侵占、蚕食国有林地的现象明显增多，毁林毁湿开垦的问题也时有发生。如果不尽快改变这种状况，不仅国有林场和国有林区会陷入困境，也会影响国家生态安全。只有深化改革，明确生态安全定位，理顺管理体制，创新经营机制，加强制度建设，才能从根本上保护和培育好国有森林资源，为保障经济社会可持续发展奠定坚实基础。

第二，深化国有林场和国有林区改革是提升生态公共产品供给能力的迫切需要。习近平总书记指出，良好生态环境是最公平的公共产品，是最普惠的民生福祉。随着经济发展和生活水平提高，人民群众对优美环境和优质生态产品的需求日益增长，期盼更多的蓝天白云、绿水青山，渴望更清新的空气、更清洁的水源。国有林场和国有林区是我国生态公共产品的主要生产者和提供者。只有深化改革，切实解决好制约国有林场和国有林区持续发展的体制机制障碍，才能不断增强优质生态产品和公共服务供给能力，为增进人民生态福祉、提升生活品质提供更加有力的保障。

第三，深化国有林场和国有林区改革是改善林区民生、共享发展成果的迫切需要。长期以来，国有林场和国有林区以林业为主，职工主要是务林，性质上与农业农村农民相近，但这些年国家出台的一系列扶持"三农"的政策，没有完全覆盖到林场林区；国有林区是国有企业，但前些年国家对国有企业改革的支持政策也没有完全享受到。加之国有林场和国有林区多分布在革命老区、少数民族地区、边疆地区和贫困地区，基础设施和公共事业严重滞后，林业职工收入低，就业、住房、子女上学等问题突出，基本公共服务落后，不仅与城市相比有很大差距，有的甚至不如农村。这些问题不解决，不仅严重影响民生改善，而且还会拖全面建成小康社会的后腿。只有加快深化改革，推动社会融入地方、经济融入市场，健全基础设施建设机制、职工转移就业机制和社会保障体制，才能增强国有林场林区发展活力，让广大林业职工与全国人民一道迈进全面小康社会。

各地区、各部门要从战略和全局的高度出发，深刻认识深化国有林场林区改革的重要性和紧迫性，自觉把思想和行动统一到中央的决策和部署上来，切实把国有林场林区改革不断引向深入，努力走出一条资源增长、生态良好、职工增收、林区和谐稳定的可持续发展之路。

二、准确把握国有林场和国有林区改革的总体要求和重点任务

中央关于国有林场和国有林区改革的总体要求，文件讲得很明确，那就是"围绕一个导向，守住两条底线，建立三大体制"。围绕一个导向，就是将发挥生态功能、提供生态服务、维护生态安全确定为国有林场林区的主要功能和基本职能，作为推进国有林场林区改革发展的基本出发点。守住两条底线，就是把保护和培育好森林资源放在首要位置、把改善民生作为基本前提，确保森林资源持续增长、林区民生持续改善。建立三大体制，就是要加快创新森林资源管护机制，因地制宜推进政、事、企分开，完善政策支持体系，建立起有利于保护和发展森林资源、有利于改善生态和民生、有利于增强林业发展活力的国有林业新体制。为此，要突出抓好以下几项重点任务。

一是着力健全森林资源保护机制和监管体制。坚持生态导向，保护优先，这是国有林场和国有林区改革的第一原则，是国有林场和国有林区新的战略和职能定位所系。要完善加强国有林区天然林保护的实施方案，确保重点国有林区天然林商业性采伐停得下、稳得住、不反弹。要根据国有林区全面停止或逐步减少天然林商业性采伐等新形势、新要求，加快建立精简高效的国有森林资源经营管理机构。要创新森林资源管护方式，加快引入市场竞争机制，强化装备能力建设，提高管护效率。要理顺森林资源监管体制，建立归属清晰、权责明确、监管有效的森林资源产权制度，明确中央和地方森林资源监管责任和职能分工，落实国有森林资源所有者职责，完善绩效管理和考核机制，让各级政府和监管机构各负其责、各

司其职。我们要本着对国家和人民高度负责的态度，把每一棵该保的林木坚决保好，把每一寸该守的林地坚决守住。

二是着力推进政、事、企分开。国有林场和国有林区政、事、企不分，是在特定的历史条件下形成的，也发挥了重要作用，但随着形势的变化，已成为制约森林资源保护和企业发展的"包袱"。要因地制宜推进政企分开，对具备条件的地区，把企业的社会管理和公共服务职能一步到位全部剥离出去，纳入地方政府统一管理；暂不具备条件的地区，可先在内部分开运行和管理，逐步创造条件将相关行政职能移交当地政府。林业行政主管部门要加快职能转变，创新管理方式，加强发展战略、规划、政策、标准等制定实施，减少对国有林场和森工企业的微观管理和直接管理，促进政事分开。要完善国有林场和森工企业内部管理机制，创新林业生产组织方式，严格实行"收支两条线管理"，推动事企分开。要切实履行好政府职能，让国有林场和森工企业集中精力保生态、轻装上阵谋发展。

三是着力解决好基本民生问题。只有先解决国有林场和国有林区人的生存和发展问题，才能解决好森林资源保护和培育问题。要按照"以人为本、确保稳定"的原则妥善安置富余职工，适当提高天然林管护费用、公益林建设补助标准，加大对森林管护、人工造林和森林改造培育的支持力度，积极发展森林旅游、特色种养、境外采伐、对外合作等，加强职业技能培训，多渠道促进职工就业转岗增收。要根据生态建设需要和林场林区生产生活特点，加大基础设施建设力度，将电网、饮水安全、管护站点用房等基础设施建设纳入同级政府建设规划统筹安排，将道路按属性纳入相关公路网规划，加快林业棚户区改造和深山远山职工搬迁，力争在"十三五"期间基本解决林场林区的安居问题。要通过国家扶持和自力更生相结合，尽快使林场林区的生产生活水平上个新台阶。

四是着力转变发展方式。促进森林资源逐步恢复和稳定增长，改变国有林场林区经济社会落后面貌，根本出路在于转变发展方式、增强自我发展能力。要顺应社会对生态产品需求增长的新趋势，牢固树立绿水青山就是金山银山、保护生态就是保护生产力、改善生态就是发展生产力的发展理念，立足发挥绿色资源优势，加快调整经济结构，大力发展特色产业、替代产业、接续产业，积极引入新的技术、新的业态、新的商业模式，推进林业一二三产业融合发展。要顺应增强生态保障能力的新要求，更加注重森林资源培育质量，加快应用现代科学技术和装备，提升育苗、造林、抚育、防火等林业发展全过程的质量和效率。林场林区还要注意营造良好环境，在坚持生态优先、保护为本的前提下，吸引各类社会资本参与企业改制和经济发展，积极转换发展动力，加快培育新的经济增长点，把宝贵的森林资源转化为现实的经济优势。

三、切实抓好国有林场和国有林区改革落实工作

党中央关于国有林场和国有林区改革的大政方针已定，改革方向、路径已十分清晰，各有关地区和部门要认真贯彻党中央、国务院的决策部署，明确改革任务，落实支持政策，切实加强领导，认真组织实施，确保改革顺利推进。

一要落实地方责任。中央已经明确，地方各级政府对国有林场和国有林区的改革发展和森林资源保护负总责，省级政府对组织实施天然林保护工程、全面停止天然林商业性采伐负全责，实行目标、任务、资金、责任"四到省"。各地要按照负总责和负全责的要求，结合本地实际抓紧制定改革的具体实施方案、明确改革时间表和路线图，细化工作措施，层层落实改革举措和森林资源保护责任。各省、市、县都要编制国有林场改革实施方案，市、县国有林场实施方案须由省里审批，各省（自治区、直辖市）国有林场改革实施方案须报国家国有林场和国有林区改革工作小组批准后组织实施。国有林场和国有林区比较集中的地区，要把这项改革作为"一把手"工程，一把手亲自抓，分管领导重点抓，在编制、预算、政策等重点难点问题上承担主体责任，做到林场公益性质明确到位、事业编制落实到位、财政预算保障到位、基础设施建设资金安排到位；要成立主要领导任组长、有关部门参加的改革领导小组，统筹推进国有林场和国有林区改革工作，及时研究解决改革中出现的新情况新问题；要层层签订责任状，一级抓一级，层层抓落实，落实好各项改革任务；要加强国有林场管理机构特别是省级管理机构建设，强化行政职能，充实机构人员，更加有力地推进国有林场改革，更加有效地加强森林资源监管和行业服务。各地要将林场、林区经济社会发展纳入当地国民经济和社会发展总体规划及投资计划，把棚户区改造补助、基础设施

建设资金、社会事业发展经费等该拿的钱拿足，把社会管理、公共服务等该承担的职能承担好。要保持森林资源权属稳定，将森林覆盖率、森林蓄积量的变化纳入地方政府目标责任考核约束性指标，把林地保有量、征占用林地定额纳入地方政府目标责任考核内容，坚决杜绝破坏国有森林资源的行为。在改革过程中，要认真听取职工群众的意见，切实维护他们的利益，引导他们正确对待改革，确保社会稳定，林场制定的改革方案原则上要经职工代表大会通过。

二要强化部门协调。落实中央关于国有林场和国有林区改革文件，有些需要中央有关部门制定实施细则。发展改革、林业、编制、财政、人社、交通、住建、金融等部门要根据自身职责，抓紧出台和落实支持国有林场和国有林区改革的具体政策措施，并加强协调配合，形成推进国有林业改革发展的合力。特别是金融债务化解、林区道路和管护用房建设等事关林区民生改善的重大问题，要尽快拿出具体意见，根据公益事业单位管理要求和国有林场实际情况，抓紧制定国有林区财务管理办法。林场事业编制问题，要根据所处区位、林地规模、管护难易程度等因素，科学核定、合理优化、统筹调剂，努力满足林场森林资源保护和生态建设需要，国有林区编制和人员规模要符合生态建设的需求和精简高效的原则。发展改革委和林业局要按照中央要求，加强组织协调和分类指导，会同有关部门帮助各地解决改革中出现的新情况新问题，切实抓好督促落实。中央宣传部对国有林场和国有林区改革的宣传报道已经作出安排，各地各新闻媒体要按照部署做好改革方案的宣传解读，正确引导社会舆论，为推进改革营造良好舆论氛围。

三要注重试点先行。考虑到改革的复杂性、艰巨性和各地情况的差异性，这次中央出台的文件为地方推进改革留下了较大的探索空间。各地要根据中央文件精神，结合本地实际，在确保生态安全、确保社会稳定、确保民生改善的前提下，选择部分工作基础条件较好的地区和企业先行开展试点，积极探索和积累改革经验，再逐步推广。内蒙古、吉林、黑龙江重点国有林区要选择一些森工企业局先行试点、有序推进，编制的改革试点方案应上报国家国有林场林区改革工作小组审批。要严格依法依规开展试点，需要授权的必须先取得授权，需要报批的必须按程序报批。要认真执行国有资产管理有关规定，防止国有资产流失，依法保障职工群众的合法权益，维护社会和谐稳定。中央有关部门要指导和支持各地的国有林区改革试点，及时把各地的成功探索总结好、推广好。

四要加强督导检查。国有林场改革要确保 2017 年底前完成，重点国有林区改革要在 2020 年底前完成。在具体实施过程中，林场林区改革要坚持速度服从质量。要对改革进展进行全面督查，做到改革推进到哪里，督查就跟进到哪里，国务院要对各省改革情况进行督查，各省也要逐级建立督查机制，对存在的问题及时指出纠正，对需要完善的改革措施及时研究完善。要抓紧研究制定改革评估验收办法，逐地评估验收改革结果，对成效显著的要予以表彰、没有完成或完成不到位的要严格问责。在推进林场林区改革的过程中，要同步考虑改革涉及的立法问题，抓紧制定《国有林场条例》和《国有林区监督管理条例》，确保国有林场和国有林区改革顺利进行。

同志们，搞好国有林场和国有林区改革，做好国土绿化工作，是时代赋予我们的光荣使命。我们要紧密团结在以习近平同志为核心的党中央周围，积极进取，锐意创新，扎实工作，奋力开创新时期林业改革发展新局面，为实现"两个一百年"奋斗目标、建成富强民主文明和谐的社会主义现代化国家、实现中华民族伟大复兴的中国梦做出新的更大贡献！

（三）政策解读

1. 专访时任国家林业局局长赵树丛

中共中央、国务院近日印发《国有林场改革方案》和《国有林区改革指导意见》，从实现中华民族永续发展的战略高度对我国国有林场和国有林区改革工作进行全面部署，这必将成为我国生态建设和林业改革发展史上又一个新的里程碑。《中国绿色时报》记者就推进国有林场和国有林区改革有关问题，专访了时任国家林业局局长赵树丛。

问：请您介绍一下，中共中央、国务院出台《国有林场改革方案》和《国有林区改革指导意见》两个文件有何重大意义？

答：中共中央、国务院高度重视国有林场和国有林区改革，2015 年 2 月 8 日，中共中央、国务院印发了《国有林场改革方案》和《国有林区改革指导意见》，这是在我国生态文明建设新的历史时期出台的一个纲领性文件，标志着国有林场、国有林区改革上升为重大国家战略和全面深化改革的重大举措。贯彻落实好文件精神是当前林业工作的重中之重和头等大事。

党的十八大以来，党和国家将生态文明建设提高到了前所未有的战略高度，习近平总书记有关建设生态文明、维护生态安全的重要讲话、论述、批示超过60次。习近平总书记多次指出，我国仍然是一个缺林少绿的国家，人民群众期盼山更绿、水更清、环境更宜居，造林绿化、改善生态任重而道远。习近平总书记语重心长地说："森林是陆地生态的主体，是国家、民族最大的生存资本，是人类生存的根基，关系生存安全、淡水安全、国土安全、物种安全、气候安全和国家外交大局。必须从中华民族历史发展的高度来看待这个问题，为子孙后代留下美丽家园，让历史的春秋之笔为当代中国人留下正能量的记录。"大力推进国有林场国有林区改革，是维护国家生态安全、守住中华民族永续发展根基的战略举措，是保障人民群众生态福祉、改善林区民生的必然要求，对建设生态文明和美丽中国、实现中华民族伟大复兴的中国梦具有重大现实意义和深远历史意义。

问：国有林场和国有林区是我国林业建设的重要组成部分。请您介绍一下国有林场和国有林区发展现状及当前面临的困难和问题。

答：我国现有林地3.1亿公顷，分三大块：一是集体林，林地面积1.9亿公顷，目前已基本完成林权制度改革，承包到户经营；二是国有林场，林地面积0.58亿公顷，目前由省、市、县分级管理；三是国有林区，林地面积0.66亿公顷，目前主要由国有森工企业经营管理。

新中国成立初期，为了加强生态建设和森林资源利用，由国家投资建立了一批国有林场和国有林业局。国有林场是在集中连片的国有宜林荒山荒地建立的专门从事营造林和森林管护的事业单位。全国现有国有林场4855个，分布在31个省份的1600多个县（市、区）。国有林场大多地处江河两岸、水库周边、风沙前线、黄土丘陵、硬质山区等区域。

国有林区是在新中国成立之初为了生产木材和管理森林分别在东北内蒙古、西南地区、西北地区森林资源丰富的地区建立的，共计在黑龙江、吉林、东北内蒙古、云南、四川、青海、陕西、甘肃、新疆9省（自治区）建立了138个国有林业局，其中在黑龙江、吉林、内蒙古3省（自治区）范围内的87个国有林业局组成了重点国有林区。

经过长期建设和发展，国有林场和国有林区成为我国最重要的生态安全屏障和森林资源培育战略基地，发挥着为生态安全守底线、为民生福祉做保障、为经济发展拓空间、为科技进步做示范的重要作用，在维护国家生态安全、淡水安全、国土安全、物种安全、气候安全，促进国家经济建设等方面作出了重大贡献。但是国有林场和国有林区在发展中也付出了沉重代价，面临的困难和问题日益严重。

长期以来，国有林场和国有林区管理体制不顺，经营机制不活，投入渠道不畅。国有林场主要承担保护培育森林资源任务，虽为事业单位却实行企业化管理，经费自收自支，"不城不乡、不工不农、不事不企"，没有明确的支持政策和稳定的公共财政投资渠道。国有林区产权虚置，政事企不分，林区经济发展长期过度依赖森林资源消耗，导致可采资源枯竭、森林和湿地面积减少、自然生态系统严重退化、产业结构单一、经济转型困难，陷入"资源危机、经济危困"局面。国有林场和国有林区普遍面临着资源管理弱化、基础设施落后、债务负担沉重、职工生活困难、发展陷入困境等问题。推进国有林场和国有林区改革势在必行。

问：此次国有林场和国有林区改革要着力解决哪些突出问题？

答：国有林场和国有林区改革必须坚持问题导向，加强顶层设计，着力解决长期以来困扰和制约国有林场和国有林区发展的一些突出问题。

一是彻底解决国有林场和国有林区功能定位不清、管理体制不顺、"林区办社会"等深层次问题。通过改革，明确国有林场和国有林区发挥生态功能、维护生态安全的功能定位。明确国有林场性质，科学核定事业编制，界定为公益服务事业单位的纳入财政预算管理。推进"政事企"分开，剥离国有林场和国有林区的社会管理和办社会的职能，使国有林场和国有林区的主要精力集中到森林资源保护和培育这一主业上来。

二是切实解决国有林场和国有林区森林资源管理主体不清、责任不明、监管不到位等突出问题。通过改革，建立归属清晰、权责明确、监管有效的森林资源产权制度，建立完善的森林资源管理制度及监管体系，明确国家、省、市林业主管部门的监管事项和监管责任，坚决守住生态保护红线，确保森林资源总量增加。

三是着力解决国有林场和国有林区政策边缘化、基础设施差、民生保障弱等现实问题。通过改革，完善支持国有林场和国有林区改革发展的政策措施，加大财政、金融等政策支持和资金投入，解决好林场和林区的职工就业和社会保障、人员经费来源和债务化解等问题，加强道路、供水、供电、住房用房等基础设施建设，使林场和林区与周边的社会基本公共服务均等化，共享改革红利。

问：国有林场和国有林区改革在推进过程中，需要把握哪些重点？

答：国有林场改革的重点主要在三个方面：一是明确功能定位。将国有林场主要功能明确定位于保护培育森林资源、维护国家生态安全。二是合理界定属性。分三类界定国有林场的属性：第一类，原为事业单位的国有林场，主要承担保护和培育森林资源等生态公益服务职责的，继续按公益服务事业单位管理，从严控制事业编制；第二类，原为事业单位的国有林场，基本不承担保护和培育森林资源而主要从事市场化经营的，推进转企改制，暂不具备转企改制条件的，剥离企业经营性业务；第三类，目前已经转制为企业性质的国有林场，原则上保持企业性质不变，或探索转型为公益性企业，确有特殊情况的，可以由地方政府根据本地实际合理确定其属性。三是创新管理机制。在内部管理上，科学核定国有林场事业编制，用于聘用管理人员、专业技术人员和骨干林业技能人员，经费纳入同级财政预算。实行以岗位绩效为主要内容的收入分配制度，经营性活动实行"收支两条线"。公益林管护积极引入市场机制，可以通过合同、委托等方式面向社会购买服务。明确森林资源监管主体，由国家、省、市林业部门分级监管，对林地性质变更、采伐限额等强化多级联动监管。将森林资源考核结果作为综合考核评价地方政府和有关部门主要领导政绩的重要依据，对国有林场场长实行森林资源离任审计。实施森林资源经营管理制度，启动森林资源保护和培育工程，合理确定国有林场森林商业性采伐量，建立森林资源有偿使用制度。

国有林区改革的重点也主要在三个方面：一是有序实施"一停一转"*。在黑龙江停伐试点的基础上，全面停止重点国有林区天然林商业性采伐，积极推进森林科学经营，加快发展绿色富民产业，转变林区发展方式。二是逐步推进"一分一建"（即逐步推进政企事分开，建立精简高效的国有森林资源管理机构）。剥离企业的社会管理和办社会职能，移交给地方政府承担。按照"机构只减不增、人员只出不进"原则，实施森工企业改制。通过多种方式逐年减少管理人员，最终实现合理编制和人员规模，逐步整合规模小、人员少、地处偏远的林场所。三是积极推进"两项创新"，即积极创新森林资源的管护机制和监管体制。森林资源管护凡能以购买服务方式实现的要面向社会购买。重点国有林区的森林资源产权归国家所有，由国务院林业主管部

---

* 一停一转是指停止重点国有林区天然林商业性采伐转变林区发展方式。

门代表国家行使所有权、履行出资人职责。

2. 专访国家发展改革委副主任连维良

3月17日上午，全国国有林场和国有林区改革工作电视电话会议在北京召开。会议深入贯彻落实了习近平总书记和李克强总理关于国有林场和国有林区改革的重要指示、批示精神，认真学习贯彻中央关于国有林场、国有林区改革的重大决策，并对国有林场林区的改革工作进行动员，做出部署，安排当前的国土绿化工作。会后，国家发改委副主任连维良就推进国有林场和国有林区改革问题答复了记者提问。

问：2015年党中央 国务院决定全面启动国有林场和国有林区改革。这项改革的指导思想、总体目标、基本原则是什么？

答：2015年2月8日，中共中央 国务院印发了《国有林场改革方案》和《国有林区改革指导意见》，明确了国有林场和国有林区改革的指导思想、总体目标、基本原则。

国有林场和国有林区改革要全面贯彻落实党的十八大和十八届三中、四中全会精神，深入实施以生态建设为主的林业发展战略，围绕保护生态、保障职工生活两大目标，推动"政事企"分开，实现管护方式创新和监管体制创新，推动林业发展模式由木材生产为主转变为生态修复和建设为主、由利用森林获取经济利益为主转变为保护森林提供生态服务为主，为维护国家生态安全、保护生物多样性、建设生态文明、实现中华民族永续发展提供生态保障。

国有林场和国有林区改革的总体目标：一是保护生态。明确生态功能定位，以保护森林资源、维护生态功能作为改革的出发点和落脚点，切实保护好森林、湿地等自然生态系统，确保森林资源总量持续增加、生态功能持续增强、生态产品生产能力持续提高。二是保障民生。着力改善林场林区基础设施和生产生活条件，积极发展替代产业，优化产业结构，拓宽职工就业渠道，妥善安置富余职工，完善社会保障机制，确保职工就业有着落、基本生活有保障。三是创新体制。理顺各方关系，实现"政企事"分开，强化政府的社会管理和公共服务职能，剥离国有林场和森工企业承担的社会管理和办社会职能，创新内部管理机制，完善国有林场和国有林区的社会管理体制和森林资源监管体制，转变发展方式，确保政府投入可持续、资源监管高效率、林场、林区发展有后劲。

在改革中，要把握四项基本原则：一是生态优先，保护为主。实行最严格的林地林木管理制度，坚决守住而不能逾越森林资源保护这条红线。二是以人为本，维护稳定。重点解决好职工基本生活、社会保障和富余人员安置等问题。按照"内部消化为主，多渠道解决就业"的原则妥善安置富余职工，不采取强制性买断方式，不搞一次性下岗分流。三是分类指导，分区施策。充分考虑国有林场和国有林区的不同情况，充分考虑各地实际，探索不同的改革模式，不搞"一刀切"。四是地方负责，中央支持。各省级人民政府对改革工作负总责，中央加强领导和指导，在政策和资金上予以适当支持。

问：基础设施落后是长期以来制约国有林场、国有林区生态功能充分发挥、林区民生有效改善的突出问题。在这次国有林场、国有林区改革中，国家会出台哪些有针对性的政策？

答：多年来，广大林业职工为国家经济建设和生态建设做出了巨大贡献和牺牲，但由于管理体制不顺、支持政策不健全、森林资源过度开发等原因，林业职工生活十分困难，民生福祉没有与国家改革发展同步。国家出台的一系列扶持"三农"的政策，也没有完全覆盖到国有林场、国有林区。国有林场、国有林区长期体系封闭，自我发展，道路通行条件差、缺水、缺电，特别是住房条件十分困难，大大落后于整个社会发展水平。在这次国有林场、国有林区改革中，要把解决林场林区基础设施落后问题作为一项重要改革举措来抓，务必通过改革使国有林场、国有林区基础设施落后状况有一个大的改观，促进国有林场、国有林区与周边地区基本公共服务均等化，有效改善国有林场、国有林区生产生活条件。

国家层面上，国家发展改革委将在现有投资渠道的基础上，进一步加大对国有林场、国有林区基础设施建设的支持力度，特别是要安排资金支持国有林场、国有林区道路建设，切实增强森林资源保护能力，有效改善国有林场、国有林区民生。同时，充分利用国有林区棚户区和国有林场危旧房改造等中央政策机遇，切实改善国有林场、林区职工居住条件，并统筹解决好职工管护站（点）用房问题。继续加大珍稀树种和大径级材培育投资支持力度，将国有林场、国有林区建设成为国家最主要的战略森林资源培育基地。

从地方上讲，各地在编制"十三五"规划时，要将国有林场、国有林区作为一项重要建设内容。国家结合现有渠道，加大对国有林场、国有林区供电、饮水安全、森林防火、管护站（点）用房、有害生物防治等基础设施建设的支持力度。各级人民政府将国有林场林区基础设施建设纳入同级年度建设计划统筹安排。各级发展改革部门要加大资金支持力度，用于国有林场、国有林区基础设施建设。抓紧核定国有林场道路属性并纳入相关省（自治区、直辖市）公路网规划。要利用好林业棚户区和林场危旧房改造等政策机遇，切实改善职工居住条件。结合林区改革和林场撤并整合，积极推进深山远山职工搬迁。

问：实施国有林场（所）撤并和生态移民政策的意义是什么？如何推进林场（所）撤并和生态移民政策落实到位？

答：国有林场和森工林业局建设之初，林业职工本着"先治坡、后治窝，先生产，后生活"的工作激情，不讲条件、不讲待遇，为维护国家生态安全做出了巨大贡献。但是，由于国有林场、国有林区建设先天投入不足，后续配套的基础设施和公共服务建设欠账很多，特别是林区道路通行条件差、缺电、住房条件十分艰苦等，还存在着给排水配套设施不完善、饮水未达国家安全标准等问题。因此，实施生态移民势在必行。一是生态移民有利于改善职工群众的居住环境。偏僻的林场（所）大多缺水，教育、医疗、文化、科技普遍落后，人的整体素质不高；经济社会发展相对滞后，基础设施非常差，职工群众生产生活极度困难。生态移民是改善生活质量的有效途径。二是生态移民有利于保护森林资源。实施生态移民将减少人为活动对森林资源的消耗和破坏，有利于森林防火及生态系统的恢复，对生态保护和资源合理利用将产生重要影响。三是生态移民有利于减少管理成本。国有林业局、林场（所）建设之初的布局是为了满足造林和木材生产的需要。目前，重点林区、部分林场已实施停止天然林商业性采伐。下一步，所有国有林场（所）的天然林也将纳入停伐范畴。通过整合撤并国有林场（所），精简机构，精兵简政，减少管理人员，减轻企业负担，将有限的资金真正用于发展经济，用于提高人民生活生平，用于改善民生。

在实际操作中，我们遵循"以人为本、以林为主"的基本原则，尊重职工意愿，充分调动广大职工群众参加生态移民的积极性。一是从实际出发，因地制宜。对规模小、人员少、地处偏远、分布零散的国有林场（所），根据机构精简和规模经营的原则整合为较大国有林场（所）。积极推进生态移民，将位于生态环境极为脆弱、不宜人居地区的场部逐步就近迁到小城镇，加快深山远山林区职工搬迁。二是充分考虑职工生产生活需求，尊重职工意愿。合理布局搬迁职工安置点，既要方便林区职工生产生活，又要有利于职工在不破坏森林资源的前提下，从事林特产品生产，发展多种经营，增加职工收入，达到职工群众致富的目的。三是加大政策支持力度。国有林场撤并搬迁安置区配套基础设施和公共服务设施建设等参照独立工矿区改造政策执行。加快国有林区棚户区和国有林场危旧房改造力度，切实落实棚户区和危旧房改造住房税费减免政策。结合林区棚户区和危旧房改造，进一步加大支持力度，同时在安排保障性安居工程配套基础设施建设投资方面予以倾斜。省级政府对本地棚户区和危旧房改造负总责，也要加大补助支持力度。四是稳步推进，确保林区社会稳定。整合撤并国有林场（所）工作与职工群众利益息息相关，必须严格按照政策办事，稳妥操作，稳步推进。急不得、快不得，不能以牺牲职工群众利益为代价换取一时的进度。要妥善安置因国有林场撤并和生态移民产生的富裕职工，地方各级政府要统筹解决符合政策的就业困难人员灵活就业问题。

问：下一步如何贯彻落实中央的决策要求，以确保国有林场和国有林区改革扎实推进、实现预期目标？

答：国有林场和国有林区改革是一项复杂的社会工程，是一项长期的战略任务。我们要按照《方案》和《意见》要求，认真抓好贯彻落实工作，扎实推进国有林场和国有林区改革。

一要层层签订责任状。国有林场和国有林区改革实行各级人民政府负责制，各级政府要层层签订责任状，落实改革主体责任，确保各项改革措施领导到位、责任到位。要把抓改革措施落实作为重要的政治任务，强化一把手责任。

二要精心制定实施方案。各地要结合本地区实际，精心制定针对性和操作性的改革实施方案，国有林场改革确保在2017年年底前完成，重点国有林区改革确保在2020年前完成。制订改革实施方案，要结合本地实际，不搞"一刀切"。要充分尊重职工意愿，务必使改革的思路、决策、措施都能更好满足职工诉求。

三要加强督查评估。要加强检查、跟踪落实，做到改革推进到哪里，督查就跟进到哪里，及时跟踪、及时检查、及时评估，发挥社会舆论和第三方评估机构作用，让群众来评估改革成效。没有完成或完成不到位的要问责。

四要建立配套政策措施。抓紧研究制定和完善社会保障、职工住房、人事管理、财务管理办法和森林监督管理法律制度、监督机构设置办法、化解金融债务政策等。

3. 时任国家林业局副局长张建龙在国务院新闻办公室（以下简称"国新办"）**新闻发布会答记者问**

2015年6月9日，国家林业局副局长张建龙在国新办召开的新闻发布会上回答记者提问时指出，全面推进国有林场改革，保生态、保资源是第一目标，在国有林场改革过程中，要像爱护我们的眼睛一样爱护国有森林资源，坚决杜绝分林到户、分林到职工，坚决杜绝以资源换身份，坚决杜绝变卖林地搞改革的行为。围绕这一重要目标，第一要做到定性，明确国有林场的公益属性，将承担保护和培育森林资源的国有林场划分为公益一类或公益二类事业单位，这要占到国有林场总数的90%以上；对极少数已经没有林地或林地很少、基本不承担保护和培育森林资源的国有林场可以定性为企业性质。第二是做到定编。我国国有林场现有在职职工48万人，按照改革要求，国有林场职工要精简高效，只减不增，科学核定事业编制，林场管理人员、专业技能人员和骨干技能人员要纳入其中。第三是人员和机构经费纳入各级财政，彻底改变过去国有林场依靠商业性采伐维持生计的经营方式，编制之内的人员经费要全额纳入财政预算；编制之外的人员经费要通过生态效益补偿费、森林抚育补助资金等以购买服务的形式支付，确保不让一个人下岗、不把一个人推向社会。第四是健全社保机制。将国有林场在职人员和退休人员全部纳入城镇职工社会保险范畴，守住保民生底线，解决林场职工后顾之忧。

二、工作部署

(一) 国家林业局重点组织实施

2015年，在党中央、国务院的高度重视下，国家林业局牢牢把握中央6号文件出台的历史机遇，将国有林场改革工作确定为2015年重点督办的15件事项之首，作为林业头等大事来组织实施，以改革统揽全局，扎实推进国有林场改革的组织管理与工作部署，各项工作取得了突出成效，国有林场发展活力和发展后劲显著增强。

1. 印发学习贯彻中央6号文件精神的通知

2015年3月14日，国家林业局印发《关于深入学习宣传贯彻中央6号文件精神的通知（林办发〔2015〕32号）》，要求各省（自治区、直辖市）林业厅（局）及各直属单位深入学习和贯彻文件精神，充分认识推进国有林场和国有林区改革的战略意义，准确把握国有林场和国有林区改革的基本要求，切实做好当前学习宣传、培训、方案编制及落实政策等工作，全面推进国有林场和国有林区改革。

2. 召开全国电视电话会议 全面部署国有林场改革

2015年3月17日，国务院组织召开了全国国有林场和国有林区改革工作电视电话会议，主会场中央国家机关30多个部门150多人，各省（自治区、直辖市）设分会场，分管副省长参加会议。主要任务是认真学习贯彻中央关于国有林场和国有林区改革的重大决策，对国有林场、国有林区改革进行动员部署。国务院副总理汪洋做了题为《扎实推进国有林场和国有林区改革》的重要讲话，国家林业局、国家发展和改革委、财政部、银监会等部门领导发表了讲话（讲话内容详见附录1～附录4）。

3. 组织开展绿色大讲堂 解读文件精神

2015年4月7日，国家林业局组织开展了处级以上干部绿色大讲堂。时任国家林业局局长赵树丛主持并就进一步深入学习中央6号文件精神提出要求：中央6号文件首次以党中央、国务院名义对国有林场和国有林区改革做出全面部署，深入贯彻党的十八大和十八届三中、四中全会精神，充分体现了以习近平同志为总书记的党中央对生态文明建设的新认识、新概括和新要求，体现了对实现中华民族伟大复兴的中国梦的孜孜追求和壮丽情怀，在我国林业发展史和生态建设史上具有里程碑意义。

时任国家林业局副局长张建龙专题解读了中央6号文件的主要精神。张建龙指出：学习贯彻中央6号文件精神，要深刻认识出台的历史和时代背景，坚持"五个明确"：明确国有林场和国有林区的战略地位，深刻认识国有林场和国有林区是我国生态修复和建设的重要力量、重要的生态安全屏障和森林资源培育战略基地、维护国家生态安全最重要的基础设施；明确国有林场和国有林区的功能定位，保护培育森林资源，维护国家生态安全；明确国有林场和国有林区改革的基本底线，保生态、保民生、保国有资产不流失；明确国有林场和国有林区改革的总体目标，改善生态，改善民生，创新体制；明确国有林场和国有林区改革的主要任务与支持政策，重点是停止天然林商业性采伐，全面加强森林经营，推进政企分开、政事分开，健全森林资源保护管理体制和监管体制，加快推进国有林场和国有林区改革，促进国有林场和国有林区科学发展，充分发挥其在生态建设中的重要作用。

张建龙要求，各司局、各单位都要抓住中央6号文件出台这一历史性机遇，讲大局、讲责任、讲担当，以"一分部署、九分落实"的精神，深入学习和把握文件精神，转变观念，提高认识，创新体制机制，推动国有林场和国有林区改革各项任务的落实。一要在学习宣传上抓落实，局直属机关每位干部职工都要深入学习领会文件精神，将学习文件与学习《习近平总书记关心生态文明建设纪实》结合起来，与学习全国国有林场和国有林区改革电视电话会议精神结合起来。二要在完成任务上抓落实，各相关司局和单位要将各自负责的改革任务，抓紧制定方案，分解落实到位。三要在督导检查上抓落实，切实加强对各省（自治区、直辖市）和森工集团的工作指导和监督检查，保证改革不走样，生态和民生得保障。四要在资源监管上抓落实，坚决把住"保生态、保森林资源不破坏、保国有资产不流失"三条底线。五要在改善民生上抓落实，要全面落实改善民生的政策措施，切实解决好职工最关心、最直接、最现实的利益问题，调动广大职工的积极性、创造性和主动性。六要在完善制度上抓落实，尽快研究制定《国有林区监督管理条例》、《国有林场条例》等相关法律法规和制度，建立健全森林资源产权、林地保护、森林经营、湿地保护、监督考核等制度。

4. 明确国有林场改革重点工作分工

为深入贯彻中央 6 号文件精神，落实国务院国有林场和国有林区改革电视电话会议部署，扎实做好国有林场和国有林区改革落实工作，2015 年 7 月 20 日，国家发展和改革委办公厅、国家林业局办公室印发了《国有林场改革方案》和《国有林区改革指导意见》重点工作分工的通知（发改办经体〔2015〕1911 号）。

专栏 3

《国有林场改革方案》的工作分工

（一）明确国有林场功能定位，合理界定国有林场属性。原有事业单位的国有林场，主要承担保护和培育森林资源等生态公益服务职能的，继续按从事公益服务事业单位管理；基本不承担保护和培育森林资源、主要从事市场化经营的，要推进转企改制，暂不具备转企改制条件的，要剥离企业经营性业务。目前已经转制为企业性质的国有林场，原则上保持企业性质不变，或者结合国有企业改革探索转型为公益性企业。（林业局、发展改革委牵头，中央编办、财政部、人力资源和社会保障部参与）

（二）在稳定现行隶属关系的基础上，综合考虑区位、规模和生态建设需要等因素，合理优化国有林场管理层级，对同一行政区域内规模过小、分布零散的林场，根据机构精简和规模经营原则整合为较大林场。（林业局牵头，中央编办、财政部、人力资源和社会保障部参与）

（三）科学核定事业编制，用于聘用管理人员、专业技术人员和骨干

林业技能人员，经费纳入同级政府财政预算。（中央编办、财政部牵头，发展改革委、林业局、人力资源和社会保障部参与）

（四）国有林场从事的经营活动要实行市场化运作，对商品林采伐、林业特色产业和森林旅游等暂不能分开的经营活动，严格实行"收支两条线"管理。（财政部牵头，林业局参与）

（五）加强资产负债的清理认定和核查工作，防止国有资产流失。（林业局牵头，财政部参与）

（六）加快分离各类国有林场的办社会职能，逐步将林场所办学校、医疗机构等移交属地管理。积极探索林场所办医疗机构的转型或改制。（卫生计生委、教育部分别牵头，财政部、林业局参与）

（七）完善以购买服务为主的公益林管护机制。企业性质国有林场经营范围内划分为公益林的部分，由中央财政和地方财政按照公益林核定等级分别安排管护资金。（财政部牵头，林业局参与）

（八）建立归属清晰、权责明确、监管有效的森林资源产权制度，建立健全林地保护制度、森林保护制度、森林经营制度、湿地保护制度、自然保护区制度、监督制度和考核制度。按照林地性质、生态区位、面积大小、监管事项、对社会全局利益影响的程度等因素由国家、省、市三级林业行政主管部门分级监管。对林地性质变更、采伐限额等强化多级联动监管，充分调动各级监管机构的积极性。（林业局牵头，财政部、发展改革委、国土资源部参与）

（九）建立制度化的监测考核体制，加强对国有林场森林资源保护管理情况的考核，将考核结果作为综合考核评价地方政府和有关部门主要领导政绩的重要依据。（林业局牵头，中央组织部参与）

（十）加强国家和地方国有林场森林资源监测体系建设，建立健全国有林场森林资源管理档案，定期向社会公布国有林场森林资源状况，接受社会监督，对国有林场场长实行国有林场森林资源离任审计。实施以提高森林资源质量和严格控制采伐量为核心的国有林场森林资源经营管理制度，按森林经营方案编制采伐限额、制订年度生产计划和开展森林经营活动，各级政府对所管理国有林场的森林经营方案编制和实施情况进行检查。（林业局、审计署分别牵头，财政部、发展改革委、国家档案局参与）

（十一）探索建立国有林场森林资源有偿使用制度。（林业局牵头，财政部参与）

（十二）启动国有林场森林资源保护和培育工程，合理确定国有林场森林商业性采伐量。（林业局、发展改革委牵头，财政部参与）

（十三）加快研究制定国有林场管理法律制度措施和国有林场中长期发展规划等。（林业局、发展改革委牵头，国务院法制办参与）

（十四）各级政府将国有林场基础设施建设纳入同级政府建设规划，按照支出责任和财务隶属关系，在现有专项资金渠道内，加大对林场供电、饮水安全、森林防火、管护站点用房、有害生物防治等基础设施建设的投入，将国有林场道路按属性纳入相关公路网规划。加快国有林场电网改造升级。积极推进国有林场生态移民，将位于生态环境极为脆弱、不宜人居地区的场部逐步就近搬迁到小城镇，提高与城镇发展的融合度。（林业局、发展改革委、水利部、交通运输部分别牵头，财政部、住房和城乡建设部参与）

（十五）落实国有林场职工住房公积金和住房补贴政策。在符合土地利用总体规划的前提下，按照行政隶属关系，经城市政府批准，依据保障性安居工程建设的标准和要求，允许国有林场利用自有土地建设保障性安居工程，并依法依规办理土地供应和登记手续。（住房和城乡建设部牵头，财政部、国土资源部、林业局参与）

（十六）中央财政安排国有林场改革补助资金，主要用于解决国有林场职工参加社会保险和分离林场办社会职能问题。省级财政要安排资金，统筹解决国有林场改革成本问题。具备条件的支农惠农政策可适用于国有林场。将国有林场扶贫工作纳入各级政府扶贫工作计划，加大扶持力度。加大对林场基本公共服务政策的支持力度，促进林场与周边地区基本公共服务均等化。（财政部牵头，人力资源和社会保障部、林业局、国务院扶贫办参与）

（十七）对于国有或国有控股金融机构发放的国有林场因营造生态公益林产生的不良债务，由银监会、财政部、国家林业局等有关部门研究制定具有可操作性的化解政策；其他不良金融债务，确因客观原因无法偿还的，经审核后可根据实际情况采取贷款展期等方式进行债务重组。符合呆账核销条件的，按照相关规定予以核销。严格审核不良债务，防止借改革逃废金融机构债务。（银监会牵头，财政部、林业局参与）

（十八）开发适合国有林场特点的信贷产品，充分利用林业贷款中央

财政贴息政策，拓宽国有林场融资渠道。（银监会牵头，财政部、人民银行、林业局参与）

（十九）适当放宽艰苦地区国有林场专业技术职务评聘条件，适当提高国有林场林业技能岗位结构比例，改善人员结构。（人力资源社会保障部牵头，林业局参与）

（二十）根据公益事业单位管理要求和国有林场实际情况，抓紧制定国有林场财务管理办法，充分增强森林资源利用效率，调动林场培育资源、发展生产的积极性。（财政部牵头，林业局参与）

（二十一）加强跟踪分析和督促检查，适时评估方案落实情况。（发展改革委、林业局牵头，中央编办、财政部、人力资源和社会保障部、住房和城乡建设部、银监会参与）

（二十二）加强国有林场管理机构建设。（林业局牵头，中央编办、人力资源社会保障部参与）

5. 开展林业改革调研及督导

2015年10月8日开始，国家林业局组成9个调研组，由局领导班子成员担任组长，带队分别前往湖北、江苏、吉林、宁夏、内蒙古、甘肃、青海、江西、安徽、黑龙江、辽宁、四川、重庆、云南、山东、广东、广西、贵州、海南、浙江、湖南等21个省（自治区、直辖市）开展林业改革调研、督导。调研组通过实地走访、召开座谈会、听取汇报等方式，全面掌握各地林业改革进展情况。时任国家林业局副局长张建龙在调研中强调，各地要严格按照中央部署要求，加快推进国有林场改革，要明确国有林场的公益属性，将管理人员、技术人员和骨干人员纳入事业编制，并解决林场职工的保险、养老问题，做到"定性"、"定编"和"定保"。针对有些省份国有林场改革遇到困难、推进缓慢等情况，调研组成员与各地负责同志一起分析原因，总结教训，提出意见建议和支持举措，确保圆满完成中央安排部署的各项林业任务。

国家林业局场圃总站相关领导先后到25个省（自治区、直辖市）解读中央6号文件精神，指导、督促各地编制方案。同时建立月报制度，每月对各省（自治区、直辖市）的国有林场改革进展情况进行跟踪督导。7月20日在贵州毕节组织召开了国有林场改革调度会，督促各地加快国有林场改革方案的编制；国家发改委和国家林业局联合印发了《关于请抓紧报送国有林场和国有林区改革实施方案的通知》，要求各地省级国有林场改革实施方案务必于2015 年 12 月 31 日前上报，个别情况复杂、改革难度较大的省（自治区、直辖市）要确保 2016 年 1 月 31 日前上报。

6. 出台《国有林场备案办法》

2015 年 8 月 31 日，国家林业局印发了《国有林场备案办法（林场发〔2015〕120 号）》。为规范国有林场备案程序，加强国有林场管理，保障国有林场改革顺利进行，促进国有林场健康发展提供了保障。

专栏 4

国有林场备案办法

第一条　为加强国有林场管理，保障国有林场改革顺利进行，促进国有林场科学发展，根据《国有林场管理办法》和其他有关法律法规，制定本办法。

第二条　在中华人民共和国境内从事国有林场设立、变更、分立、合并、撤销等活动，履行备案手续，实施备案管理，适用本办法。

第三条　申请备案的国有林场应当具备以下条件。

（一）经县级以上人民政府或有关部门依法批准设立；

（二）具有独立的法人资格；

（三）林地权属清晰，"四至"界限分明，具有合法有效的林地权属证明；

（四）已经完成国有林场改革并通过省级和国家级改革验收。

第四条　办理国有林场备案应当提供以下文件材料。

（一）批准设立国有林场的文件复印件；

（二）事业单位法人证书或企业法人营业执照；

（三）国有、联营或租赁林地权属证明复印件；

（四）《国有林场备案申请表》；

（五）国有林场改革省级验收证明。

第五条　办理国有林场备案应当遵循以下程序。

（一）办理备案的国有林场向所属林业主管部门提出备案申请；

（二）所属林业主管部门审核同意后，报省级林业主管部门；

（三）省级林业主管部门审核同意后，报国务院林业主管部门；

（四）中国林业科学研究院等中央直属单位管理的国有林场，向其所属主管单位提出备案申请，主管单位审核同意后报国务院林业主管部门；

（五）国务院林业主管部门审核同意后，予以备案并颁发备案证书，国务院林业主管部门于每年11月公布全国国有林场备案名录。

第六条　国有林场名称、单位性质、行政级别、隶属关系和国有林地面积发生变更的，应当按本办法第五条所规定的程序重新办理备案。

第七条　国有林场撤销的，应当由省级林业主管部门向国务院林业主管部门提出撤销备案申请。

中国林业科学研究院等中央直属单位管理的国有林场，由其所属主管单位向国务院林业主管部门提出撤销备案申请。

第八条　本办法由国务院林业主管部门负责解释。

第九条　本办法自2016年1月1日起施行，有效期至2020年12月31日。

7. 组织召开国有林场改革现场会

2015年11月24日，国家林业局在江西组织召开了全国国有林场改革现场会，总结交流江西、浙江等省改革试点成功经验和广东、内蒙古等省全面推进改革的先进经验，同时对改革工作进行了再动员和再部署。国家林业局副局长张永利对国有林场改革攻坚战提出五点要求。一是加快编制省级国有林场改革方案。各地省级改革方案应于12月底前上报国家审批；12月底前未上报的，国家林业局将进行重点督导；对2016年3月底前不能上报的将提出通报批评，并约谈省级林业部门一把手；对2016年4月底前不能上报的将报请国务院进行专门督导。二要牢牢把握改革方向不动摇。各地在推进国有林场改革过程中，一定要牢牢把握国有林场改革的公益事业单位取向。三要下大力气解决好编制问题。根据所处区位、林地规模、管护难易程度等因素，科学核定、合理优化、统筹调剂，努力满足林场森林资源保护和生态建设需要。四要确保统筹解决改革成本。各省（自治区、直辖市）要明确省级财政支持政策，并落实市县财政兜底责任。五是转变国有林场发展方式，把国有林场的中心工作集中到森林资源保护培育上来，理顺体制、搞活机制，以高起点、强动力，把发展的基础打牢。

张永利强调，国有林场改革机遇难得，不可轻纵，各地一定要以高度的政治敏锐性和责任感，精心组织，确保国有林场改革工作又快又好，保证质量。没有成立领导小组的省（自治区、直辖市），要尽快提请成立由省委省政府领导任组长、有关部门参加的省级改革领导小组；明确改革时间表和路线图；加强机构建设；建立全面督导、重点督查和发文督办等方式相结合的督导机制，强力推进国有林场改革。

8. 召开第四次改革工作小组会议

2015 年 12 月 28 日，国家发改委和国家林业局共同主持召开了第四次改革工作小组会议。国家发改委、财政部、中央编办、民政部、人力资源和社会保障部、国土资源部、住房和城乡建设部、交通运输部、水利部、国家林业局、银监会等 11 个部委参加了会议。

专栏5

第四次改革工作小组会议

一、主要内容

会议通报了当前国有林场和国有林区改革进展情况，重点国有林区停止天然林商业性采伐的有关情况，林区基础设施建设、财政支持和金融债务化解等政策落实情况；讨论了《关于做好各省国有林场和重点国有林区改革实施方案审批工作的意见（讨论稿)》（以下简称《意见》）和《国有林场和国有林区改革工作小组 2016 年工作安排（讨论稿)》（以下简称《工作安排》）两个文件；确定增补国土资源部、交通部和水利部为改革小组成员。

会议特别强调党中央、国务院高度重视国有林场和国有林区改革，改革工作非常重要，改革意义重大。2015 年，在各部门的共同努力下，改革取得了明显进展。但还没有达到预期目标，改革任务依然繁重，还需要加大协调推进力度。会议原则同意《意见》和《工作安排》，决定根据各部门意见修改完善后，以改革工作小组会议纪要的形式印发。同时要加大协调推进力度，重点做好以下六个方面的工作。

一是加快方案审批。会议指出方案是改革推进的龙头，要在确保质量的前提下，加快方案编制、上报和审批进度，于2016年3月31日前全面完成省级改革实施方案的审批。要加大督导力度，国家发改委、国家林业局已于2015年12月29日下发明传电报对各地方案编制和实施工作进行督促。对2016年1月底没有上报的，要约谈省发改委和林业厅主要负责人；2月份没有上报的，要组成督查组，开展重点督查。

二是加快完善配套政策。关于金融债务化解问题，会议提出由银监会牵头，财政部、国家林业局配合研究提出金融债务化解意见，于2016年1月20日前上报国务院。

关于国有林区林场道路建设问题，会议要求由交通部牵头，国家发改委、财政部、国家林业局配合，尽快研究提出解决林区林场道路问题的指导意见，争取2016年完成。

关于政府购买服务问题，会议提出由财政部牵头，国家林业局配合研究制定相关政策，出台一份文件，争取2016年完成。

三是加快协调解决改革中出现的新问题。如针对西南、西北地区地方森工企业"两不靠"的问题，重点国有林区成立的管理机构性质和编制问题，会议提出由中央编办牵头，组成由国家发改委、财政部、国家林业局参加的联合调研组，开展相关调研工作，提出解决问题的具体意见。

四是加快推进必需的基础设施建设。关于国有林场林区管护用房问题，会议认为解决好林场林区职工管护用房问题十分重要，必须要解决，由国家发改委投资司牵头，财政部、住建部、国家林业局配合，要尽快研究提出解决办法，争取2016年完成。

五是加快建立绩效管理和考核机制。会议认为尽快建立对国有林场的绩效考核管理机制是改革的重要内容，十分必要而紧迫。会议要求由国家林业局负责研究制定国有林场和国有林区绩效管理和考核办法，于2016年6月30日前完成，由部门联合或以国办名义印发。

六是加快完善经常性的工作机制。关于加强协调力度问题，由国家林业局和国家发改委负责，在2016年一季度，每月召开一次联席会议，参加单位依据议题相关性原则确定。

二、下一步工作部署

这次小组会议是在国有林场和林区改革全面推进的关键时期召开的一次非常重要、非常高效、非常务实的会议。会议深度凝聚和统一了思想共识，精准对焦了当前存在的关键问题，形成了明确有力的决策部署。特别是会议议定的支持国有林区和国有林场的政策措施，是我们多年想解决而未能解决的重大问题，如能如期实现，必将有力推动国有林区和国有林场的改革和发展，为做好2016年国有林场和国有林区改革工作，打赢改革攻坚战、打好发展翻身仗，打下扎实的政策基础。为了贯彻落实好这次会议精神，把各项工作落到实处，国家林业局下一步所要开展的工作设想。

（一）印发会议纪要。由场圃总站牵头，会同国家发改委经济体制综合改革司整理各部门提出的修改意见，对《意见》和《工作安排》讨论稿修改完善后，于1月10前印发会议纪要。

（二）落实责任分工。一是出台《关于重点国有林区森工企业金融债务处理问题的意见》和《关于国有林场金融债务处理问题的意见》。由国家林业局计财司牵头，场圃总站配合，确保1月20日前与银监会、财政部联合上报国务院。

二是研究制定《关于加快国有林场林区道路建设的意见》。由国家林业局计财司牵头，场圃总站、天保办配合，2016年6月30前完成。

三是研究制定《关于国有林场公益林管护购买社会服务的指导意见》。由计财司牵头，场圃总站配合，2016年8月30前完成。

四是完成西南、西北地区森工企业改革问题调研。由国家林业局场圃总站牵头，资源司、计财司配合，2016年3月30日前完成调研，提出解决办法。

五是关于解决国有林场林区管护用房的问题。由国家林业局计财司牵头，场圃总站、天保办配合，研究提出国有林场林区管护用房的解决办法，争取2016年6月30前完成。

六是研究制定国有林场和国有林区绩效管理和考核办法。国家林业局场圃总站和资源司分别牵头，2016年6月30日前完成。

七是召开部际联席会议。由国家林业局场圃总站、资源司牵头，筹备组织 2016 年一季度的三次部际联席会议。

（二）有关部委积极支持

中央 6 号文件发布以来，国家发展和改革委员会、财政部、人力资源社会保障部、交通运输部等有关部委积极支持改革工作，制定出台了一系列改革扶持政策，为国有林场改革注入了强大动力，有力地助推了国有林场改革。

1. 安排改革配套资金

2015 年，中央财政安排黑龙江、吉林、内蒙古等 12 个省份改革补助资金约 36.3 亿元。截至 2015 年年底，中央财政已累计安排国有林场改革补助资金约 72.9 亿元，为改革提供了坚强的资金保障（见表 1-1）。

表 1-1　截至 2015 年年底国有林场改革补助资金分配情况

单位：万元

序号	行政单位	2015 年	2014 年	2012 年
0	合计	362613.0	246244.0	120000.0
1	河北省	9216.0	3317.0	
2	山西省	30000.0		
3	内蒙古自治区	55000.0		
4	吉林省	55000.0		
5	黑龙江省	55000.0		
6	浙江省	4132.0		19503.0
7	安徽省			11961.0
8	福建省	24812.3		
9	江西省		162129.0	35198.0
10	山东省	17167.0		8114.0
11	湖南省		80798.0	36000.0
12	贵州省	10000.0		
13	甘肃省	60000.0		9224.0
14	青海省	10000.0		
15	新疆维吾尔自治区	32286.0		

2. 国有林场岗位设置管理指导意见

2015 年 6 月 9 日，人力资源和社会保障部、国家林业局共同出台了《国有林场岗位设置管理指导意见（人社部发〔2015〕54号）》（见专栏5），对国有林场岗位类别设置、岗位等级设置、专业技术岗位名称及岗位等级作出了明确规定，为指导国有林场深化人事制度改革提供了政策保障，是推动中央6号文件政策落地的实质举措。

专栏6

关于国有林场岗位设置管理的指导意见

根据《中共中央 国务院关于印发＜国有林场改革方案＞和＜国有林区改革指导意见＞的通知》（中发〔2015〕6号）、《关于进一步深化事业单位人事制度改革的意见》（中办发〔2011〕28号）、《事业单位人事管理条例》（国务院令第652号）及事业单位岗位设置管理有关政策规定，为做好国有林场岗位设置管理的组织实施工作，结合国有林场特点和改革发展的需要，提出以下指导意见。

一、岗位类别设置

1. 国有林场管理岗位指担负国有林场领导职责或管理任务的工作岗位。管理岗位的设置要适应增强国有林场运转效能、提高工作效率、提升管理水平的需要。

国有林场专业技术岗位指主要从事森林培育、保护和利用等专业技术工作，具有相应专业技术水平和能力要求的工作岗位。专业技术岗位的设置要符合国有林场工作特点和事业发展的需要。

国有林场工勤技能岗位指主要从事森林管护等林业技能操作和维护、后勤保障、服务等职责的工作岗位。工勤技能岗位的设置要适应森林资源管护以及提高操作维护技能，提升服务水平的要求，满足国有林场工作的实际需要。

森林管护是指营造林、森林经营和管护、森林消防和应急救援、林木种苗繁育、有害生物防治等。

2. 国有林场三类岗位的结构比例由政府人力资源行政部门和国有林场主管部门确定。

（1）管理岗位一般不高于单位岗位总量的20%，专业技术岗位一般不低于单位岗位总量的40%，森林管护等林业技能岗位一般不低于单位岗位总量35%，后勤保障、服务等一般性工勤技能岗位一般不高于单位岗位总量的5%。

（2）代管乡（镇）、村的国有林场，加挂省级以上自然保护区或者国家级森林（湿地）公园牌子的国有林场，管理岗位一般不高于单位岗位总量的25%，可相应核减专业技术岗位、工勤技能岗位比例。

（3）承担国家林木良种基地等科研实验任务的国有林场，专业技术岗位一般不低于单位岗位总量的45%，可相应核减管理岗位、工勤技能岗位比例。

3. 鼓励国有林场后勤服务社会化，已经实现社会化服务的一般性劳务工作，不再设置相应的工勤技能岗位。

二、岗位等级设置

4. 国有林场专业技术高级、中级、初级岗位的结构比例，根据地区经济发展水平，以及国有林场的功能、规格、规模、隶属关系和专业技术水平确定，原则上不应低于1∶4∶5。

承担国家林木良种基地等科研实验任务以及加挂省级以上自然保护区或者国家级森林（湿地）公园牌子的国有林场，专业技术高中初的结构比例应当高于其他国有林场。

小型国有林场的专业技术岗位结构比例可实行集中调控、集中管理的办法。具体办法由省级政府人力资源行政部门和林业行政主管部门研究制定。

小型国有林场的专业技术岗位结构比例可实行集中调控、集中管理的办法。具体办法由省级政府人力资源行政部门和林业行政主管部门研究制定。

5. 国有林场森林管护等林业技能岗位结构比例，一级、二级、三级岗位的总量占林业技能岗位总量的比例为50%左右；一级、二级岗位的总量占林业技能岗位总量的比例为12%左右。

后勤保障、服务等一般性工勤技能岗位，一级、二级、三级岗位的总量占一般性工勤技能岗位总量的比例为25%左右，一级、二级岗位的总量占一般性工勤技能岗位总量的比例为5%左右。

6. 特设岗位是国有林场为适应聘用急需高层次专业技术人才等特殊需要，经批准设置的工作岗位，是国有林场的非常设岗位。特设岗位的等级根据国有林场发展需要，按照规定的程序确定。

特设岗位不受国有林场岗位总量、最高等级和结构比例限制，在完成工作任务或者相关人员转入常设岗位后，按照管理权限予以核销。

三、专业技术岗位名称及岗位等级

7. 国有林场应根据其主体业务确定主体专业技术岗位，其他系列专业技术岗位的最高等级原则上应低于主体专业技术岗位。

8. 国有林场主体专业技术岗位中，正高级岗位名称暂定为高级工程师一级岗位、高级工程师二级岗位、高级工程师三级岗位、高级工程师四级岗位，分别对应一至四级专业技术岗位；副高级岗位名称暂定为高级工程师五级岗位、高级工程师六级岗位、高级工程师七级岗位，分别对应五至七级专业技术岗位；中级岗位名称为工程师一级岗位、工程师二级岗位、工程师三级岗位，分别对应八至十级专业技术岗位；初级岗位名称为助理工程师一级岗位、助理工程师二级岗位，分别对应十一级、十二级专业技术岗位；员级岗位名称为技术员岗位，对应十三级专业技术岗位。

9. 其他专业技术岗位名称和对应等级参照相关行业指导意见和标准执行，原则上沿用现专业技术名称。

10. 国有林场专业技术一级岗位属国家专设的特级岗位，其人员的确定按国家有关规定执行。

四、组织实施

11. 岗位设置管理工作是推进国有林场改革发展的重要保障，是国有林场人事制度改革的重要内容，是加强国有林场人才队伍建设的重要举措。要高度重视，加强领导，坚持以人为本，从实际出发，充分考虑国有林场地处偏远、工作艰苦的客观情况，维护职工的切身利益，积极稳妥地推进岗位设置管理实施工作。

12. 各级国有林场主管部门要紧密结合本地区经济社会发展水平和国有林场的实际情况，切实发挥职能作用，制定具体方案，组织好国有林场岗位设置管理的实施工作。各级国有林场主管部门要加强与政府人力资源行政部门的沟通协调，结合本地区国有林场工作的特点，认真贯彻执行本指导意见。

13. 各地区、各部门和国有林场在岗位设置和岗位聘用工作中，要严格执行有关政策规定，坚持原则，坚持走群众路线。对违反规定滥用职权、以权谋私的，要追究责任。对不按本指导意见进行岗位设置和岗位聘用的国有林场，政府人力资源行政部门、国有林场主管部门不予确认岗位等级、不予兑现工资、不予核拨经费。情节严重的，对相关领导和责任人予以通报批评，按照人事管理权限给予相应的纪律处分。

14. 岗位基本条件、岗位聘用程序及岗位设置核准备案等本指导意见未作规定的内容，按照《事业单位岗位设置管理试行办法》（国人部发〔2006〕70号）和《<事业单位岗位设置管理试行办法>实施意见》（国人部发〔2006〕87号）等政策文件执行。

3. 国有林场改革试点验收办法

2015年6月25日，国家发改委、国家林业局联合下发了《国有林场改革试点验收办法（发改办经体〔2015〕1616号)》（见专栏6），为发挥倒逼机制，确保改革质量提供了刚性遵循。

专栏7

国有林场改革试点验收办法

为全面、客观评价国有林场改革试点工作成效，确保国有林场改革试点工作取得预期效果，根据国家关于国有林场改革试点的有关要求，制定本办法。

一、评估验收对象

承担国有林场改革试点任务的省级人民政府。

二、评估验收依据

（一）中共中央、国务院印发的《国有林场改革方案》。

（二）国家发展改革委、国家林业局关于河北等七省国有林场试点实施方案的批复文件以及国有林场和国有林区改革工作小组与试点省人民政府签订的国有林场改革试点工作责任书。

（三）《中央财政林业补助资金管理办法》（财农〔2014〕9号）

三、评估验收原则

（一）坚持实事求是，全面、客观地反映国有林场改革试点工作成效。

（二）坚持公平公正，做到验收指标、验收过程和验收结果公开透明。

（三）坚持统筹兼顾，突出重点，实行定性与定量相结合，既反映国有林场改革整体进展，又突出重点环节。

四、评估验收内容

（一）定性定编定经费（30分）。主要考核是否按照经批复的国有林场改革试点实施方案明确了国有林场性质；是否制定了国有林场事业编制核定标准、是否实际按照核定标准落实了国有林场事业编制；界定为公益服务事业单位的国有林场，是否经机构编制部门批复并明确其公益事业单位类别、职能和编制数等，是否纳入财政预算管理（全额拨款或者差额拨款）；界定为企业性质的国有林场，是否能够实现可持续发展。

（二）机制创新（15分）。主要考核国有林场岗位设置情况，是否设置了管理岗位、专业技术岗位和工勤技能岗位；是否建立了绩效考核机制；国有林场生产性用工是否实行了政府购买服务；场办企业是否按独立法人运作。

（三）职工社会保障（10分）。主要考核应参加基本养老保险和基本医疗保险的国有林场职工（包括在职和退休）是否参加了基本养老保险和基本医疗保险，以及离休人员的养老和医疗保障情况。

（四）分离办社会职能（5分）。试点地区国有林场有场办学校、医院的，主要考核是否将场办学校、医院移交属地管理。

（五）森林资源管理（12分）。主要考核国有林场是否建立了森林资源档案，森林资源家底是否清楚；是否建立了管护责任制；改革期间是否出现了违规违法流转、占用、侵占、调拨国有林场林地和超限额采伐、滥砍滥伐国有林场林木现象；省级是否建立了国有林场森林资源监管机制。

（六）富余职工安置（5分）。主要考核对是否对国有林场职工进行了妥善安置。

（七）社会稳定（5分）。主要考核是否发生因损害职工合法权益而引发的信访案件，影响社会稳定。

（八）筹集和使用改革资金（10分）。主要考核是否按规定安排和使用中央财政国有林场改革补助资金，省级财政是否安排了国有林场改革资金，市（县）是否安排了国有林场改革资金。

（九）加强基础设施建设（8分）。主要考核地方政府是否安排国有林场道路、供水、供电等基础设施建设专项资金。

（十）完成时间。凡未能在2015年9月30日前向国家国有林场和国有林区改革工作小组提交验收申请的，扣5分。

五、评估验收结果评定

验收结果采取百分制计分，分为合格、不合格两个档次。

（一）合格。验收得分在70分（含70分）以上的，评定为合格。

（二）不合格。有以下情形的，评定为不合格：

1. 验收得分低于70分（不含70分）的；

2. 应参加基本养老保险或基本医疗保险职工参保率低于90%的；

3. 发生破坏森林资源重大案件、影响恶劣的；

4. 出现重大信访案件的。

六、组织实施

国有林场改革试点评估验收工作由国家国有林场和国有林区改革工作小组组织实施，以省为单位进行验收，成熟一个、验收一个。具体程序如下。

（一）省级自验。试点省人民政府参照本办法对试点地区以市、县为单位进行自验收。

（二）申请国家验收。完成自验收后，由试点省人民政府向国家国有林场和国有林区改革工作小组提出验收申请，同时并将报送自验收报告。

（三）国家验收。国家国有林场和国有林区改革工作小组组成验收组，对试点省国有林场改革情况进行验收。

验收采取抽取样本县（市）的方式进行，其中河北省为丰宁县和隆化县；江西省、湖南省、浙江省抽样5个县（市）；安徽省为黄山市黄山区、滁州市抽样2个县；山东省泰安市和临沂市各抽样2个县；甘肃省庆阳市抽样庆阳市和2个县。

抽样验收结果在抽样地区进行公示，接受社会监督。

（四）整改回复。试点省根据国家评估验收组反馈意见，就改革中存在的问题提出整改措施，进行整改完善，并在1个月内向国家国有林场和国有林区改革工作小组上报书面整改报告。

七、评估验收结果运用

国家国有林场和国有林区改革工作小组对验收结果进行通报。

4. 促进国有林场道路持续健康发展的通知

2015年3月25日，交通运输部下发了《贯彻落实中央6号文件促进国有林场道路持续健康发展的通知》（见专栏7），要求各省（自治区、直辖市）交通运输厅（局、委）认真贯彻好国有林场（区）全面改革、理顺体制机制的要求，与省级林业主管部门协调对接，做好国有林场（区）道路现状、规划及道路功能属性等核实摸底工作，按照道路属性类别纳入相关公路网规划，并统筹安排好建设和养护计划，促进国有林场（区）与周边地区交通运输基本公共服务均等化，有力地支持了国有林场（区）的基础设施建设。

专栏8

交通运输部关于贯彻落实中发〔2015〕6号文件促进国有林场道路健康发展的通知

交规划发〔2015〕49号

各省、自治区、直辖市、新疆生产建设兵团交通运输厅（局、委）：

为贯彻落实《中共中央国务院关于印发<国有林场改革方案>和<国有林区改革指导意见>的通知》（中发〔2015〕6号）精神，促进国有林场（区）道路持续健康发展，现将有关要求通知如下。

一、提高认识，积极适应国有林场（区）改革带来的新变化、新需求。国有林场（区）是我国生态修复和建设的重要力量，是维护国家生态安全最重要的基础设施，中央作出全面启动国有林场（区）改革的重大决策，是破解长期以来制约国有林场（区）发展体制障碍的战略性和根本性举措。改革将进一步理顺长期以来国有林场（区）管理体制不顺、支持政策不健全的问题，社会管理职能将逐步剥离至地方政府，对国有林场（区）道路建设管理将带来新的变化和需求。各省（自治区、直辖市）交通运输部门要高度重视、认真领会中央文件精神，准确把握改革的总体要求和重点任务，主动作为、勇于担当，确保国有林场（区）改革取得预期效果。

二、属性归位，将国有林场（区）道路纳入相关公路网规划。各省（直辖市、自治区）交通运输部门要认真贯彻好这次国有林场（区）全面改革、理顺体制机制的要求，与省级林业主管部门协调对接，做好国有林场（区）道路现状、规划及道路功能属性等核实摸底。结合正在开展的省道网、农村公路规划等工作，按照国有林场（区）道路属性类别，认真梳理分析并纳入相关公路网规划。

三、狠抓落实，提升国有林场（区）道路基础设施的服务质量和水平。在编制公路"十三五"发展规划和年度投资计划时，对纳入公路网规划范畴的国有林场（区）道路，按照事权和支出责任相适应的原则，统筹安排好建设和养护计划，认真组织实施，逐步提高交通基础设施服务质量和水平，促进林场（区）与周边地区交通运输基本公共服务均等化。国有林场（区）道路基础设施建设发展要重视环境保护，体现生态建设需要，做好路网规划和重大项目建设环境影响评价。

四、细化方案，做好各项工作的组织管理。在各省（直辖市、自治区）的统一部署和领导下，结合本地实际情况，对重新梳理编制的国有林场（区）公路网，按属性分级管理原则，分别制定切实可行的建管养计划，细化工作措施，及时发现和协调解决改革中出现的矛盾和问题，落实好改革的各项任务要求。结合国家"十三五"规划编制要求，请各省（直辖市、自治区）交通运输主管部门在4月底前将国有林场（区）道路摸底情况及公路网规划调整情况及时报部。

（三）各省高位推动

中央6号文件出台以来，各省（自治区、直辖市）快速反应，全国共有21个省（自治区、直辖市）党委和政府主要领导做出重要批示，23个省（自治区、直辖市）成立了国有林场改革工作领导小组，全面推进国有林场改革。其中，山西、广西、福建、吉林、宁夏、湖北、青海成立了由省长任组长的国有林场改革工作领导小组。

1. 组织部署

省委、省人民政府高度重视。各省（自治区、直辖市）党委和政府主要领导对国有林场改革做出批示及部署。其中，山西、北京、宁夏、吉林、江西、贵州、广东等省委和政府负责同志做出了重要批示。

山西省省委书记批示，要求高度重视国有林场改革，按照中央要求认真贯彻落实，并要求林业厅商有关部门进行调查研究，提出具体贯彻落实意见。2015年6月5日，山西省省委书记在《关于山西林业生态建设提质增效努力实现三增目标的工作报告》中批示，"山西之长在于煤，山西之短在于林，山西之少在于水，要进一步重视林业，这是采煤沉陷区治理、涵养水源、改善生态的关键，推动绿色发展要坚持生态优先、林业为重点"。7月8日，山西省省长在国有林场改革调研座谈会上指出："国有林场是生态建设的重要力量，是维护生态安全最重要的基础，我们要按照中央的部署，结合山西省的实际，深化改革，激发活力，切实发挥好国有林场在生态建设中的先锋队和主力军作用。"9月8日，山西省省长主持召开省政府第97次常务会议，研究部署省政府部门国有林场改革责任清单。

北京市市委书记在市委常委会第171次会议上指出，北京市国有林场面积近百万亩，是首都生态建设的骨干力量，要把国有林场改革与京津冀协同发展紧密结合起来，做好生态建设这篇大文章。书记强调，国有林场的生态公益属性不能有丝毫含糊，改革的首要任务就是要明确这一点，要让国有林场专心致志地保护和培育森林资源。北京市市委副书记、市长在市人民政府第91次常务会议上强调，国有林场森林资源是全市森林资源的核心和精华，非常宝贵，要加强保护和培育。国有林场改革要重点突出三个方面：一是坚持生态导向、保护优先。改革中，要始终把保护和培育森林资源放在首位，落实国有林场确权定界，划定生态保护红线，实行最严格的林地保护制度，巩固造林绿化成果。二是全盘考虑、统筹规划。要加强科学营林，提高森林质量，增强国有林永续发展的能力。要加强基础设施建设，确保国有林场基础设施三年内有明显改善。要加强专业技术人员培养，激发林业职工的潜能和积极性。三是加大投入、强化科技创新。要在森林资源保护和培育、基础设施建设等方面加大投入力度，显著提升森林质量，充分发挥国有林场在首都生态文明建设中的重要作用。要不断提升科技含量和技术装备水平，培养一支会应用现代科技手段和精良装备设施的林业职工队伍。

宁夏回族自治区主席在研究审议《宁夏国有林场改革方案》时指出："要充分认识加快推进国有林场改革的紧迫性和必要性，积极支持和推动国有林场改革。要坚持生态优先、保护为主。严格遵守《宁夏空间发展战略规划》，坚守生态红线，提高森林、林木资源生态功能，为建设西部生态屏障发挥积极作用。"

吉林省省长主持召开专题会议研究国有林场林区改革工作，强调：国有林场林区改革是贯彻十八大确定的五个文明建设中生态文明建设的重要举措，是落实全省东中西区域发展规划和五大发展战略的必然要求，是吉林省作为生态大省的历史使命，是破解林场林区发展困境的唯一出路。改革势在必行，必须切实抓好，抓出成效。

省级林业主管部门深入贯彻落实。中央6号文件出台后，各省（自治区、直辖市）林业主管部门迅速组织多种形式，传达学习中央6号文件精神，对下一步国有林场改革工作进行安排部署。一是召开电视电话会议专门部署。北京、山西、上海、浙江、安徽、广西等地林业主管部门立即于3月17日召开电视电话会议，由省级政府分管领导安排部署国有林场改革工作。二是通过召开党组会议、培训会等多种形式学习贯彻中央文件精神。山西省林业厅3月18日召开党组扩大会议，传达汪洋副总理讲话，贯彻落实会议精神并研究林场改革相关工作。江西省林业厅3月18日召开党组扩大会议，集中传达学习国务院电视电话会议精神，研究提出具体贯彻意见，并于4月11日召开会议对改革工作进行动员部署。黑龙江省林业厅3月23日召开全省国有林场改革培训会议，邀请有关专家深入解读中央6号文件，对贯彻落实工作进行具体部署。重庆市林业局3月23日召开专题会议，研究推进国有林场改革工作。甘肃省林业厅3月27日召开白龙江、小陇山两大林区国有林场改革座谈会。新疆维吾尔自治区林业厅3月30日召开会议，对改革工作进行动员部署。安徽省林业厅4月8日召开全省国有林场改革政策解读培训会。陕西省林业厅4月13日召开国有林场改革文件学习宣讲会。

2. 调研摸底

各省由省（自治区、直辖市）委、政府牵头，相关部门组成调研组，开展深入调研，献计献策，为编制省级国有林场改革实施方案奠定了坚实基础。

山西省省长、副省长一行深入长治、临汾调研国有林场改革发展工作。调研中强调：要认真贯彻落实党中央、国务院决策部署，扎实推进国有林场改革发展，充分发挥国有林场在林业生态建设中的先锋队和主力军作用。

北京市副市长带队到平谷区、密云县调研国有林场改革工作。对全市 34 个国有林场开展了全面的调查摸底，对国有林场的森林资源、人员机构、基础设施、职工社保等基本情况进行了全面了解。

湖南省副省长率省政府办公厅、林业厅、人社厅、编办等部门到邵阳市隆回县调研国有林场改革工作。省委全面深化改革领导小组办公室对浏阳大围山国有林场改革试点进行调研，要求各级党委、政府要高度重视，特别是落实好林场定性定编、完善养老保险和富余职工安置工作，同时要把握好政策性债务、剥离社会职能、基础设施建设等重大问题的解决。

广东省副省长到省属龙眼洞林场就国有林场改革开展专题调研，强调要创新森林资源管护和监管机制，推动传统护林方式向现代护林方式转变。

四川省副省长赴巴中市调研国有林场改革工作。为进一步深入开展调查摸底和研究分析，四川省下发了《关于开展国有林场基本情况摸底调查的通知》，对全省 180 个国有林场森林资源现状、职工人数及收入、林场收入及债务等进行摸底调查。同时，结合全省国有林场数据库数据录入，进一步掌握国有林场生态建设、经济发展、经营管理、职工生活等方面情况，对全省国有林场数据进行了分类整理，为国有林场改革提供了数据支撑。

重庆市副市长带队到渝北区华蓥山林场调研国有林场改革工作，考察林场职工宿舍，调研苗木培育、多种经营建设及防火基础设施建设，详细询问了林场人员配置、森林资源现状、基础设施建设等情况。重庆市对全市 72 个国有林场的机构、人员、经费、资源、资产、经营、负债、基础设施等基本情况进行了全面调查，摸清了国有林场实际情况，同时，邀请市国有林场改革成员单位共同开展了市内调研和市外考察学习，深入全市 30 多个国有林场开展了蹲点调研和专题调研，并到山东省、浙江省、贵州省实地考察学习，充分学习借鉴兄弟省份改革先进经验。为起草《重庆市国有林场改革实施方案》奠定了基础。

辽宁省林业厅根据省委、省人民政府的指示精神及厅党组的统一部署，完成了《国有林场改革情况调查表》统计汇总工作；同时，组成 6 个调研组，深入 14 个市及绥中、昌图两县 193 个国有林场开展调研，召开 16 次座谈会，全面掌握情况、剖析问题、研究对策，掌握了翔实的第一手资料；与省编办联合组成调研组，赴湖南、广东、福建 3 省学习兄弟省份先进经验，为辽宁省国有林场改革奠定了基础。

新疆维吾尔自治区由自治区党委政研室、编办、农办，自治区发改委、经信委、财政厅、人社厅、国土厅、住建厅、交通厅、水利厅、国资委、畜牧厅、扶贫办、林业厅等单位组成改革领导小组，根据《关于开展自治区国有林场和国有林区改革工作调研的通知》（新政办明电〔2015〕97号）文件要求，分4个调研组，对全区13个地（州、市）、3个国有林管理局、107个国有林场进行了全面调研。调研中重点对改革中定岗定编、人员安置、解决社保、化解债务和分离场办社会职能等进行了了解和部署。

甘肃省林业厅对全省国有林场体制机制、资源资产、人员结构、社会保障、债权债务等方面的问题先后组织开展了6次调查摸底工作。在此基础上，联合省编办、人社、财政等有关部门，对所属国有林场的机构编制、人员现状、经费供给、社会保障等方面情况做了进一步调查核实与深入调研。

海南省林业厅分管领导带队赴江西、广西开展专题调研，进行学习借鉴，召开全省国有林场改革调查摸底工作会议，部署全省国有林场调查摸底工作，同时邀请省编办、省人社厅、省财政厅赴有关林场调研，对全省国有林场的调查摸底材料进行全面的实地调查和核实。

黑龙江省林业厅联合省财政厅对全省国有林场基本情况进行了全面摸底调查。同时，林业厅领导与省编办、财政、人事、发改委等部门组成国有林场改革调研组到国有林场进行详细的调研，详细了解黑龙江省国有林场基本情况，随后针对本省存在的问题，到江西、浙江、青海等省学习、调研、考察国有林场改革。

陕西省由省发改委牵头，组织林业、财政、人社、编办、银监局等部门人员对延安市、铜川市、宝鸡市、汉中市的7个县、16个国有林场调研；配合省委政研室对省属六大林业局、宝鸡市辛、马二局深入林场、管护站调研，了解国有林场目前在运行机制、社会保障、职工待遇等方面存在的问题，听取一线职工对国有林场改革的渴望。同时，赴青海、甘肃、山西省考察，借鉴学习兄弟省份国有林场改革的先进经验及做法。

安徽省委改革办、省委政研室对滁州市国有林场改革进行调研，强调要以问题为导向，明确政策设计和制度安排，落实优惠政策，要进一步明确改革过程中各级事权，落实省、市、县责任，推动改革工作顺利进行。省发改委、省编办、省财政厅、省人社厅、省林业厅组成国有林场改革联合调研组，先后两次深入市（县、区）及国有林场，就国有林场管理体制和运行机制、功能定位、社会保障、政策支持体系及改革成本等情况开展调研。

江苏省于4月全面部署国有林场改革调查摸底工作，将国有林场基本情况调查统计表（8张，涉及要素214个）和调查问卷发至各有关市、县（市、区）林业部门和76个国有林场，各地填报工作于5月底结束。于6月组织力量对各地填报的统计表进行初步审核，组织各有关林场对填报资料进行核查，6月底完成书面摸底调查统计工作。

3. 进展及亮点

截至2015年年底，广东、内蒙古、北京、山西、宁夏、浙江、江西、湖南等8个省（自治区、直辖市）国有林场改革方案已完成审批。湖北、吉林、黑龙江等3个省方案正在征求意见，即将获批。河南、辽宁、安徽、广西、江苏、重庆、福建、青海、天津、山东等10个省份改革实施方案通过省政府常务会审议，即将上报。审批完成的方案整体上呈现改革指导思想正确、公益性取向明确、政事企基本分开、公益林管护机制逐步建立、职工安置和保障有力等特点，总体符合中央6号文件要求，其主要亮点摘编如下：

（1）北京市

国有林场全部定性为公益一类事业单位。全市国有林场全部为生态公益型林场，主要职责为保护培育森林资源、试验示范林业科技成果、弘扬森林生态文化、推动国际交流合作，主要功能为发挥生态作用、提供生态服务、维护生态安全。国有林场全部按照公益一类事业单位管理。

有效理顺国有林场管理体制。建立国家所有、市和区县两级政府行使所有权、主管部门监管、国有林场经营管理的国有森林资源管理体制。京煤集团管理的国有森林资源，按照市属国有林场管理体制进行管理。科研机构、高等院校等单位管理的国有森林资源，按照原管理体制，参照市国有林场管理。未明确管理主体的国有森林资源，可建立国有林场或并入本地区其他国有林场管理。

森林管护经费纳入财政预算。按照森林经营方案及森林经营技术规范、森林保护规范，制定森林经营和管护、森林消防和应急救援、有害生物防治等日常管护综合定额，确定管护经费，纳入财政预算。

恢复国有林场建制。原为国有林场，但变更名称或者隶属关系的，应当恢复国有林场建制。以国有林场基础上的森林公园和自然保护区为载体，建立环首都国家公园体系，探索建立京津冀国有森林资源协同保护管理机制。

事企分开，管办分离，人随事走，落实分配自主权。国有林场属性明确后，应当将其所办的经营性企业与林场分开，对森林公园、林业特色产业等不能分开的经营活动，推行管办分离，严格实行"收支两条线"管理。在事企分开过程中，由职工自愿选择，可以人随事走。制定国有林场绩效考核管理办法，以绩效考核为基础，完善绩效工资分配政策，落实国有林场分配自主权，切实发挥绩效工资激励作用。

编制国有林场发展规划。在编制国有林场改革实施方案的同时，科学编制全市国有林场发展总体规划，完善国有森林资源管理体系布局，明确国有林场发展方向和目标，确定资源保护、森林经营、基础设施等主要任务，为改革方案全面落实提供根本保障，为林场科学发展奠定扎实基础。

（2）内蒙古自治区

国有林场全部定性为公益性事业单位。根据国有林场所处区位、承担任务及原为事业单位性质，将全区国有林场主要功能定位于保护培育森林资源、维护生态安全。与功能定位相适应，将全自治区国有林场全部定性为公益性事业单位，人员和机构经费纳入同级人民政府财政预算。

推进国有林场事企分开。国有林场从事的经营活动实行市场化运作。能够分开的经营活动要尽快走向市场，对商品林采伐、林业特色产业和森林旅游等暂不能分开的经营活动，严格实行"收支两条线"管理，所得收入主要用于国有林场生态保护和基础设施建设。

2017年年底前完成林地确权登记。实行最严格的国有林场林地保护管理制度，保持国有林地范围和用途的长期稳定，严禁林地转为非林地。对尚未核发权属证书的林地，2017年年底前完成确权登记；对有权属争议的林地，抓紧调处纠纷，依法维护国有林场规划经营范围的严肃性，确保国有林地不流失。国有林场改革到位后，要逐步取消林权证范围内的工资田、承包田，完成退耕还林。

科学营林、严格保护多措并举。通过大力造林，科学经营，明晰国有林场所有权主体，厘清处分权权限，落实国有林场经营权和收益权，到2020年，国有林场森林面积增加66万公顷以上。

支持职工提前退休。按照国家国有林场、国有林区改革有关允许提前退休的政策，支持职工提前退休。将全部富余职工按照规定纳入城镇职工社会保险范畴，平衡过渡、合理衔接，确保职工退休后生活有保障。

（3）山西省

国有林场全部按从事自然资源保护类公益服务的事业单位管理。明确将全省国有林场主要功能定位为保护培育森林资源、提供生态公益服务和生态产品，按从事自然资源保护类公益服务的事业单位管理。

国有林场实行省、市、县三级管理。省林业行政主管部门对全省国有林场进行宏观指导和管理，省国有林管理局负责对全省国有林场履行行业管理及业务指导职责，省按山系流域设置省直国有林管理局负责对省属国有林场进行管理。建立完善市级国有林场管理机构，强化职能，充实人员，负责对市、县国有林场的管理和业务指导。科学划分国有林场类型，一般0.6万公顷以下为小型林场，0.6万~2.0万公顷为中型林场，2.0万公顷以上为大型林场，并建立与其规模相适应的管理机构。

国有林场生态公益林列入永久性生态公益林管理，予以立法保护。建立"国家所有、省级管理、林场保护与经营"的国有森林资源管理制度。将全省国有林场经营管理的生态公益林列入永久性生态公益林管理，并起草了《山西省永久性生态公益林地保护条例》，列入2016年山西省立法计划，予以立法保护。

支持扩大森林面积。积极发展场外林业，大力实施购买式造林、合作式造林、股份制造林；支持国有林场赎买、租赁、托管集体和个人林地，通过林地流转，扩大经营面积，到2020年全省国有林场经营面积增加66.6万公顷。所需资金由国家补助，省、市、县分级筹措。

（4）广东省

坚持国有林场改革的公益性取向。将国有林场划分为公益一类和公益二类。公益一类国有林场主要职责是保护、培育和合理利用森林资源，保持森林物种多样性；负责辖区内森林防火、林业有害生物防治、区域良种示范、种质资源保存与创新、生态监测、科技示范等。公益二类在一类职责基础上可适度开展国有资产经营活动，积极发展生态旅游和林下经济等。

国有林场所从事的经营活动实行市场化运作。林场组建经济实体，将经营活动交由经济实体负责。各级国有林场管理机构受委托对经济实体的国有资产进行监管。对商品林采伐、林业特色产业和森林旅游等暂不能分开的经营活动，严格实行"收支两条线"管理，所得经营收入经批准可用于森林资源保护和培育、基础设施建设、解决离退休职工待遇等方面。

强化林地林木资源管理。保持国有林场林地范围和用途的长期稳定，对外出租的国有林地林木合同到期后不再续约，鼓励有条件的国有林场通过平等协商等方式提前收回已出租的林地林木。

省财政大力支持国有林场改革。根据国有林场职工人数（包括在职职工、离退休职工），省财政对省属林场、原中央苏区县和少数民族县按照 2 万元/人的标准给予补助，对其他欠发达地区按照 1.5 万元/人的标准给予补助，珠三角地区改革资金由市、县财政解决。同时，省财政按 1 元/亩的标准安排国有林场改革工作经费。

2015 年年底前完成国有林场林权确权发证。从 2015 年 9 月开始，集中开展国有林场林地林木确权发证，逐宗逐项对山林纠纷进行全面排查，逐案调处化解，确保 2015 年年底前全省国有林场林地、林木确权发证率达到 90% 或以上。

（5）宁夏回族自治区

实事求是确定公益属性。主要承担保护和培育森林资源等生态公益服务职责的国有林场，按公益一类事业单位管理。在主要承担保护和培育森林资源等生态公益服务职责的同时，也从事市场化经营的，分离经营性业务，按公益一类事业单位管理；继续保留经营性业务的，按公益二类事业单位管理。

推进国有林场"事企"分开。划分为公益一类事业单位的国有林场，对林业特色产业和森林旅游等暂不能分开的经营活动，收入归林场所有，主要用于国有林场基础设施建设。划分为公益二类事业单位的国有林场，对林业特色产业和森林旅游等经营活动，要按照市场化模式管理，提高收益，为职工创收。

国有林场林地划入生态红线。对未核发林权证的国有林场林地、森林，县级以上人民政府于 2016 年年底前完成确权颁证工作。将国有林场林地划入生态红线，并严格管控，严禁林地"非林化"。对市、县（区）长及国有林场场长实行国有林场森林资源离任审计。各市、县（区）和重点国有林场于 2016 年年底前编制完成国有林场森林经营方案，并严格执行。

扩大国有林场经营管理面积。以新建、扩建形式，将"十二五"生态移民迁出区适宜造林土地纳入国有林场管理。到 2020 年，全区国有林场新增管理面积 20 万公顷以上。

科学确定管护面积。明确山区管护面积按人均 133 ～ 200 公顷标准执行，川区按人均 20 ～ 33 公顷标准执行，服务费用（工资）按当地当年社会平均工资执行。支持林场或个体建立林业社会化服务公司，在农机补贴、贷款贴息等方面给予支持。

基本公共服务对国有林场全覆盖。将国有林场基础设施建设纳入自治区和各市、县（区）"十三五"规划编制内容。基本公共服务对国有林场全覆盖。在年度基本建设资金中，安排专项资金用于国有林场林区道路、电网升级改造、安全饮水、森林防火、管护站点用房、有害生物防治等。

自治区财政支持有力。用足用好中央财政国有林场改革补助资金，切实解决国有林场职工社保和剥离林场办社会职能的困难。自治区财政安排资金，统筹解决国有林场改革其他事宜。中央和自治区"三农"政策对国有林场全覆盖。

三、国有林场改革试点实施与验收

（一）试点实施情况

2015 年 1 月 27 日至 2 月 1 日，为了解国有林场改革试点进展情况和存在的问题，研究完善相关政策措施，国家林业局和财政部组成联合调研组赴江西、浙江两省开展了调研。总体来看，两省国有林场改革进展顺利，成效初显，但也存在一些亟待解决的问题。

1. 地方政府高度重视国有林场改革试点工作

江西、浙江两省国有林场改革试点工作顺利推进，各项任务基本完成，关键在于地方政府高度重视，在政策和资金上予以保障。

江西省按照"省级政府对国有林场改革负总责"的原则要求，高位推进国有林场改革。省委、省人民政府先后召开 4 次国有林场改革工作会议，部署推进改革工作。省政府连续 3 年将国有林场改革纳入政府工作报告，与 11 个设区市签订目标责任书，出台《关于推进国有林场改革的指导意见》等文件，成立由林业、发改、财政、人保、编制等相关部门组成的改革试点工作领导小组和推进小组。

浙江省委、省人民政府于 2008 年出台《浙江省人民政府关于加快推进现代国有农林渔场建设的若干意见》，对国有林场的定性定位、编制经费、管理体制、社会保障等做了具体规定。2013 年 8 月，浙江省人民政府召开电视电话会议部署国有林场改革试点工作，出台了《关于加快推进国有林场改革试点工作的意见》，明确国有林场改革试点的主要任务。2014 年 10 月，浙江省委、省人民政府出台《关于加快推进林业改革发展全面实施五年绿化平原水乡 十年建成森林浙江的意见》，提出深化国有林场改革，合理界定国有林场的性质，在确保财政供养人员只减不增的前提下，依据国有林场生态公益林面积、区域分布等核定人员编制及相关经费。

多种方式解决编制紧缺问题。改革前，江西省企业性质的国有林场占51.5%，在定性核编过程中，将符合条件的国有林场由企业性质转为事业性质压力非常大。在这种情况下，江西省承诺，重新核编后的人员经费将足额纳入同级财政预算保障，解除企业性质国有林场转型后顾之忧，推动核编工作顺利进行。

地方财政兜底国有林场改革成本。试点阶段，中央财政安排江西省改革试点补助19.73亿元、安排浙江省1.95亿元。江西、浙江两省在管好用好中央财政补助资金的同时，主动筹措资金，兜底改革成本，统筹解决国有林场拖欠社保、债务等问题。江西省省级财政安排国有林场改革资金4.86亿元，市、县财政安排近10亿元，并对不足部分承担兜底责任。改革资金筹措到位，较好地解决社会保险、经济补偿等涉及职工切身利益问题。改革前2.1万名未参加养老保险职工和1.5万名未参加医疗保险职工全部参保，拖欠的9亿多元社保费绝大部分已偿清，6.2万户林场职工危旧房得以改造，职工养老、就医、就业、子女就学等历史遗留问题得到有效解决。浙江省主动筹集改革资金，支持国有林场改善生产生活条件等。2008～2013年，省财政共投入1.55亿元，用于支持国有林场危旧房改造、道路建设和改革发展。江西、浙江两省还统一和提高公益林补偿标准。不分国家级公益林或地方公益林，也不分国有的公益林或集体和个人所有的公益林，均按统一标准安排补偿资金。江西省2014年每年每亩补偿17.5元，2015年提高到20.5元；浙江省2014年每年每亩补偿27元，2015年提高到30元。公益林补偿标准提高后，森林管护水平和管护人员工资均得到提高。江西省国有林场共有公益林77万公顷，每年获得中央财政和省财政生态效益补偿资金2.37亿元，其中中央财政0.58亿元、省财政1.79亿元。

2. 国有林场改革试点任务基本完成

江西省是全国国有林场改革整体推进试点省，目前改革试点工作已基本完成。浙江省2008年已自行对国有林场进行过一轮改革，职工社会保险、剥离林场办社会等问题已解决。这次纳入国有林场改革试点范围的为杭州、衢州等7个地（市），主要是在原来改革的基础上解决国有林场定性和重新核编等问题。

整合重组和重新核编工作基本完成。改革前，江西省共有国有林场425个（其中企业性质219个、事业性质206个），约占全国的1/10。职工总人数

10.28万人（其中在职5.66万人、离退休4.62万人），约占全国的1/6。在职职工5.66万人中，属于事业编制的2.1万名。整合重组后，江西的国有林场数量减少到216个，比改革前净减少209个。182个生态公益型林场共核定事业编制0.72万名，比改革前减少1.38万名。鹰潭市9个国有林场全部界定为生态公益型林场，共核定事业编制257名。上饶市29个国有林场整合重组24个，界定为生态公益型林场18个，占75%。浙江省列入改革试点的89个国有林场中，82个林场改革方案已经当地政府审议通过，其中79个界定为生态公益型。全省重新核定国有林场事业编制2044名，比改革前减少1009名。

国有林场经费保障机制初步建立。江西省按照"收支两条线"的管理要求，将生态公益型林场编制内的人员经费和机构经费纳入2015年同级财政预算，多数地区还专门安排林场森林培育管护经费。改革后的国有林场绝大多数重新进行了定岗定责定员，普遍与职工签订新型劳动合同或聘用合同，逐步由身份管理向岗位管理转变。广丰县铜钹山林场重新聘用职工36名，全部签订《江西省事业单位聘用合同书》，聘用护林员40人，全部签订劳动合同。贵溪市双圳林场以930公顷商品林为基础组建股份公司，林场职工平均入股。经过3年的经营，职工纯收入大幅度提高，由2010年的2万元提高到2013年的4万元。浙江省积极推进生态公益型林场管理体制创新，深化人事和内部收入分配改革，完善激励约束机制，探索通过在国有林场加挂"生态公益林管护站"牌子的方式实现政府购买管护服务。开化县林场推行岗位管理和全员聘用制度，严格控制新进人员，规定3年内人员"只出不进"，3年后每年安排1~2名新进人员指标，用于聘用紧缺人才。

职工社会保险问题得到妥善解决。江西、浙江两省国有林场职工基本养老保险和医疗保险实现了全覆盖。截至2014年年底，江西省国有林场职工应参加基本养老保险9.99万人，实际参保9.93万人，参保率99.4%；应参加基本医疗保险10.01万人，实际参保9.92万人，参保率99.1%。改革前拖欠的社会保险费用绝大部分已偿清。全省1400多名林场职工办理提前退休手续。鹰潭市办理特殊工种提前退休415人，内部退养193人。贵溪市财政安排资金1000多万元，为林场237名特殊工种职工办理提前5年退休手续。浙江省国有林场职工全部纳入社会保险范围，实现应保尽保。龙游县溪口林场改革前退休职工每月只拿180元的基本生活费，改革后通过纳入社保每月领取退休工资达3800元。

多渠道安置富余职工。江西、浙江两省坚持以人为本，本着职工自愿的原则，对国有林场富余职工进行妥善安置。安置期间，没有发生一起职工上访事件，保持了社会稳定。江西省主要采取5种安置方式：一是现金补偿。以一次性发放现金方式安置置换国有身份职工。选择这种方式的多为年龄偏大的职工，与由林场负责缴纳剩余年限社保统筹部分相比，领取一次性现金补偿更为实惠。二是社保补偿。以林场代缴社会保险费直至退休方式安置置换国有身份职工。选择这种方式的多为不到50岁的中青年职工。铜钹山林场职工俞方清说，"林场代缴社会保险解决了后顾之忧，现在自己外出打工，每月有3000元左右的收入。"三是林权补偿。以承包经营、股权分配等折抵补偿金的方式置换国有身份职工。四是自然减员。在解决好职工社会保险的基础上以发放一定的生活费直至退休的方式安置未被返聘的国有身份职工。五是提前退休。江西省林业厅会同省人保厅、财政厅出台了《国有林场改革后执行提前退休政策具体操作办法》，规定特殊工种可提前5年退休，目前已办理了特殊工种提前退休手续人数7623人。改革后，江西省国有林场在职职工保留1.1万名，仅占改革前在职职工5.66万人的19.4%。浙江省2008年开展的国有林场改革已对富余职工进行过分流安置，此次改革重新核编后，主要采取岗位调动、提前退休、停薪留职等方式进行进一步安置。开化县林场核定事业编制106名，主要采取"定编不定人、自然减员至核定编制数"的方式实现人员平稳过渡。龙游县溪口林场主要采取职工无偿承包毛竹林直至退休的方式安置富余职工。

顺利剥离林场办社会职能。江西省通过改革，剥离场办义务教育学校83所、医疗单位63所、林场代管村组63个。鹰潭市9所场办义务教育学校、8所场办医院已全部移交属地管理，共有96名教师、35名医务人员完成转编。该市所属的贵溪市将1所场办学校和1所场办医院进行了分离，交由当地乡政府属地管理。上饶市余干县对林场管辖的5个村、万丰县对1个村进行了剥离，划归当地乡（镇）管理。

3. 存在的困难和问题

江西、浙江两省国有林场改革试点总体进展顺利，但深入推进还面临着一些亟待解决的困难和问题。

债务负担较重。江西省国有林场共有各类债务47.9亿元，其中金融债务15.8亿元（包括营造公益林债务4.79亿元、营造商品林债务6.36亿元、林场办企业债务3.07亿元、其他金融债务1.58亿元），非金融债务32.1亿元

（包括拖欠职工工资 9.9 亿元、拖欠社会保障费 9.5 亿元、拖欠医疗费和离退休费 2.5 亿元、拖欠各类借款 10.2 亿元）。浙江省国有林场债务负担相对较轻，共有各类债务 3.5 亿元，其中拖欠职工工资和退休人员补贴 1.8 亿元、林场办企业亏损 0.4 亿元、改制和拖欠 0.9 亿元、基础设施建设欠款 0.4 亿元。

基础设施落后。国有林场大多地处偏远，水、电、路、通信等基础设施薄弱，职工生产和生活条件艰苦。江西省各类林场用房、道路、供水供电等设施大多是建场初期及 20 世纪所建。广丰县国有林场 100% 生产性用房、50% 公共用房为 20 世纪 60～70 年代所建，其中不少用房由于年久失修已成为危房。浙江省 108 个国有林场中，有 70 个供电设施建设和维护未纳入当地电力部门管理。

储备林建设政策需进一步完善。2014 年，国家林业局下达江西省国家储备林划定任务 9 万公顷、浙江省 4 万公顷。已划定的国家储备林中既有商品林又有公益林，既有人工林又有天然林。从投资来源看，既有银行贷款，又有中央预算内基本建设投资和财政补助，还有林场自筹资金。但是，根据现行公益林管理政策和目前正在研究的全面停止天然林商业性采伐要求，通过银行贷款营造的、被划定为国家储备林的公益林和天然林，将无法通过采伐变现来偿还贷款本息，势必形成新的债务。这对已是负债累累的国有林场来说，无疑是雪上加霜。调研中发现，一些国有林场对国家储备林建设持等靠态度，个别承包大户寄希望国家安排补贴，将承包经营的新造林地也纳入储备林建设规划。

（二）试点验收成果

2015 年 9 月，浙江省以浙政办〔2015〕5 号、江西省以赣府文〔2015〕100 号、甘肃省以甘林发〔2015〕134 号正式向国家国有林场和国有林区改革工作小组提出验收申请，并于 10 月、11 月先后通过了验收。验收结果表明，江西、浙江等试点省走出了一条"生态得保护、民生得发展"的改革成功路径。在此基础上，国家林业局印发了《国家林业局关于浙江、江西两省改革试点验收情况的通报》，将一系列含金量高、可复制性强的措施予以推广，充分发挥了改革试点的引领作用。截至 2015 年年底，湖南、河北、山东等 3 个试点省业也已完成省内验收，并积极申请国家验收。6 省试点工作取得了保资源、保民生的显著成效，有效理顺了管理体制，切实改善了民生，初步创新了发展机制，保护了森林资源。

1. 浙江省

统筹推进率先完成试点任务。围绕保生态、保民生的两大改革目标，浙江省精心谋划、统筹推进，率先完成了体制改革、机制创新、民生改善等各项改革试点任务，改革工作走在了全国前列。

理顺管理体制机制。明确界定了 7 个试点市的国有林场主要责任和保护方式，试点范围的国有林场完成了整合重组，明确了公益性质，制定了定编标准。加大了地方财政投入，形成长效机制，国有林场事业经费均纳入当地财政预算，事业经费从改革前的每年 4100 万元增加到 1.11 亿元。完善了以购买公共服务为主的公益林管护机制，推动了林场完善内部管理机制，建立了岗位设置和绩效考核制度，积极推进了政府购买服务为主的公益林管护机制。

完善社会保障。国有林场职工工资、购买服务和社会保险纳入当地财政预算管理，职工收入达到当地同类事业单位职工同等水平，较以前大幅度提高；试点地区国有林场职工全部参加养老、医疗等社会保险并享受相应待遇，养老保险和医疗保险参保率为 100%。

强化基础设施建设。完成了 5159 户职工危旧房改造，新（修）建管护用房 8.6 万平方米；新（修）建道路 614 公里，实现了通场公路全部硬化，万亩以上营林区实现了公路通达，738 个营林区中已通电 566 个；基本解决了饮水安全问题。

提升资源保护利用活力。改革试点期间，全省国有林场的森林采伐量降至 12.7 万立方米，占森林采伐限额的 38.6%。加大了植树造林、中幼林抚育、低产林改造的力度，全省国有林场森林覆盖率比改革前提升了 1.2 个百分点，森林蓄积量增加了 10%。大力发展森林休闲旅游业和高效生态产业，已建成国家级森林公园 31 个、省级森林公园 39 个。

浙江省在改革试点工作中还形成了两条重要经验：一是省委、省人民政府始终把林场改革工作列入重要议事日程，出台了一系列鼓励性政策措施。省领导多次召开会议进行部署，深入国有林场考察，提出明确工作要求。成立了由省领导任组长，各有关单位组成的国有林场改革领导小组。各试点市、县（市、区）成立了领导小组，采取政府发文、制订年度计划、建立考核机制等办法，确保各项改革措施落到实处。二是省直有关部门积极作为、密切协作，合力推动国有林场改革。省编办批复成立了省国有林场和森林公园保护总站，省发改委切实加强指导，省财政厅积极筹措资金，省交通运输、电力等部门着力改善国有林场道路、电力等基础设施建设。省林业厅成立了省级国有林场改革常设机构，多次沟通协调有关部门，落实相关政策，坚持深入基层，走遍了所有的试点林场指导工作。

2. 江西省

江西省是全国国有林场改革整体推进省，试点改革着力转变国有林场发展方式，精心谋划，统筹推进，全面完成了体制改革、机制创新、民生改善等国有林场改革试点任务，收获了"三成果两经验"。为全国国有林场改革积累了宝贵经验。

成果一：坚持生态导向，明确界定国有林场生态责任和保护方式。林场规模得到合理优化，全省425个国有林场整合重组为216个，场均经营面积由0.4万公顷提高到0.8万公顷，为改革前的2.07倍。加大地方财政投入，确保长效发展，将定性为公益服务事业单位的人员和机构经费纳入财政预算管理。创新森林资源管护机制和人力资源制度，初步建立了以岗位绩效为主要内容的收入分配制度和以聘用制为主的新型用人制度，国有林场造林抚育和森林管护等工作已初步建立社会购买服务机制。

成果二：健全职工就业制度和社会保障机制，民生得到切实改善。妥善安置富余职工，干部职工满意度高，全省林区社会总体保持平稳。事业性国有林场职工工资达到当地事业单位职工工资同等水平，基本养老保险和基本医疗保险参保率均达到100%。出台了《未参保国有林场职工参加基本养老保险的有关政策》《关于困难农林水企事业单位职工参加城镇职工基本医疗保险有关问题的通知》等8项国有林场改革配套政策。

成果三：采取有效措施，森林资源得到有效保护。省级财政将国有林场公益林管护补助标准提高到每亩20.5元，2015年，市、县财政安排国有林场森林资源培育管护经费1.1亿元，全省国有林场木材采伐量呈逐年下降趋势。"十二五"期间，江西省国有林场年均森林采伐量减少242.13万立方米，天然林年均采伐量减少113.5万立方米。

经验一：江西省委、省人民政府高度重视，各有关单位全力推动林场改革。省级人民政府成立主要领导任组长的领导小组，明确各部门分工。连续3年将国有林场改革工作写入省政府工作报告，与11个设区市签订了国有林场改革目标责任状。省发改委、省住建厅将国有林场职工危旧房改造等基础设施建设纳入保障性安居工程；省财政厅筹集了4.86亿元改革配套资金；省人保厅负责落实社保政策；省林业厅建立厅长挂片包干责任制，分工督导市县改革工作。

经验二：将国家的政策要求同江西的具体实际紧密结合，科学组织推动。合理确定总体目标和主要任务，市、县贯彻落实有刚性遵循，同时考核评判有明确标准。坚持从严审批方案，对改革方案逐县审批，确保了改革的正确方向。同时着力加强指导督查，建立了信息通报制度，成立了10个督导调研组。严格实施验收倒逼，率先制定了《全省国有林场改革评估验收办法》《国有林场改革省级评估验收工作方案》，在设区市预评估验收的基础上，逐县进行改革评估验收。

3. 甘肃省

甘肃省国有林场改革试点在庆阳市开展，该省紧紧围绕保生态、保民生两大改革目标，拓深度求力度，激发活力，深刻改变了国有林场的发展状况。

强化责任落实，理顺管理体制。庆阳市成立了由市长任组长的国有林场改革领导小组，围绕国有林场改革发展和民生改善，出台了《关于进一步加强子午岭林区保护和发展的意见》《子午岭林区保护与发展总体规划》《庆阳市国有林场改革试点实施意见》和《庆阳市国有林场改革试点补助资金使用方案》等多个文件。管理体制初步理顺，政企、事企分开有效推进。市属27个林场和县属20个林场明确为公益事业单位。按照"先入轨、后完善"原则，完成28个林场职工的首次岗位设置、结构等级认定及聘用备案工作。加强了子午岭国有林场管理机构建设，完成事业编制核定工作，将人员、机构纳入市财政全额预算管理。组建了子午岭林区华池、合水、宁县、正宁4个社区居委会，子午岭林区8所学校、1个教学点及5所职工医院移交所在地方政府。

全面改善民生，加大设施建设。目前，庆阳全市国有林场养老、医疗、失业、生育、工伤5项社会保险参保率均达100%；住房公积金缴存实现全覆盖；完成最低生活保障相关工作。在职人员年均工资和离退休人员年人均离退休费均达到当地事业单位职工同等水平。完成危旧房改造工程3301套22.99万平方米、公共租赁住房1266套4.56万平方米，建设森林资源管护站49个、森林防火基础设施项目11个，维修改造林区道路214.22千米，解决了14223人的饮水安全，改造供电线路722.7千米。

围绕强林富民，强化支撑能力。全市国有林场年均造林面积比改革前增长了3倍，重点实施了"苗林结合培育工程"。着力加强科技创新、成果转化和示范点建设，探索总结出子午岭中华鼢鼠"三结合五同步"灭鼠法。组织实施古树名木资源调查与开发利用研究、子午岭优良树种资源调查与保护利用、华山松大苗移栽试验示范、中华红叶杨引种试验示范等项目。积极开展难利用地造林、林木有害生物防治、生态系统恢复等技术攻关，有效破解了制约林业发展的技术瓶颈。

创新管理机制，加强人才建设。出台了《关于加强子午岭国有林场经营管理的意见》和《市直国有林场干部职工聘用、全员岗位管理、目标管理、绩效考核》4 项制度，全面落实定岗定员，分类管理。制定了国有林场固定资产投资建设等一系列行业管理制度，完善了专项资金报账审批、重大财务集体决策、财务审批双重制约、建设项目竣工验收等 4 项管理机制。制定了《林业系统机关事业单位工作人员考勤管理暂行办法》等规章制度，将干部职工的绩效工资分配与岗位职责、工作量、工作效率、工作业绩等直接挂钩。

4. 山东省

山东省泰安市、临沂市是全省国有林场改革的试点地区，两市认真实施《山东省国有林场改革试点方案》，全面完成了体制改革、机制创新、民生改善等国有林场改革试点任务。

创新管理体制机制。两市 42 处国有林场均定性为公益一类事业单位并纳入事业编制。林场职工工资和社会基本保险全额按事业单位纳入同级财政预算。泰安市宁阳县将所属 4 处林场整合为 2 处林场，临沂市将 8 处国有林场与 8 处国有苗圃合并，泰安市 3 处国有林场与 2 处国有苗圃合并。积极引入市场机制，国有林场造林抚育、森林采伐和森林管护等生产性用工实行了由政府面向社会购买服务。实施了规范的岗位设置管理，建立了以岗位绩效为主要内容的收入分配制度和以聘用制为主的新型用人制度。

基建投入力度空前。临沂市将国有林场基础设施建设纳入地方经济社会建设计划，有效改善了林场道路、办公场所、水电、通信、广播电视等基础设施。泰安市投入 3.2 亿多元，为国有林场建水库、塘坝 100 座；架高、低压线路 130 千米；硬化林区道路 146.4 千米等。部分林场基础设施和造林、营林、护林等建设项目纳入市、县基本建设计划和行业发展规划。

民生得到全面改善。职工工资水平大幅提升，由改革之初的人均年工资性收入不足 1.5 万元达到目前的 5 万多元，达到当地事业单位职工工资同等水平。职工全部纳入社会保障体系，实现"五险一金"足额缴纳参保，清偿了 1338.14 万元社会保险欠款。

生态功能明显提升。两市国有林场经营面积由5.2万公顷增加到6万公顷。泰安市国有徂徕山林场森林蓄积量由2011年的49万立方米增加到现在的60.05万立方米。泰山林场负氧离子浓度每立方厘米达2.2万个，PM2.5平均每立方米仅15微克，生态功能显著增强。

山东省取得了两条重要经验：一是加强组织领导。山东省人民政府、相关部门领导深入两市调研，积极指导国有林场改革试点工作。泰安、临沂两市将任务分解，层层传导压力，建立了责任制。组织省国有林场改革试点工作督导组，不定期地深入有关市、县（市、区）和国有林场进行督导，并建立了国有林场改革进展月报制度。通过举办培训班、召开座谈会等多种形式指导国有林场改革。二是科学制定方案。山东省成立专题调研组，全面摸清了国有林场的基本情况、改革中存在的困难和问题，并提出了切实可行的保障措施，形成的调研报告对开展国有林场改革试点工作起到了重要的指导作用，明确了国有林场公益事业单位的改革方向。

5. 湖南省

湖南省作为全国国有林场改革试点整体推进省，认真实施《湖南省国有林场改革试点方案》，试点改革坚持求深度、求广度，以四项措施、四条经验着力转变国有林场发展模式。

措施一：坚持公益方向，理顺管理体制。将全省208个国有林场全部定性为公益性事业单位，其中公益一类事业单位191个，公益二类事业单位17个，完成了单位属性变更登记。全省国有林场核定事业编制14177个，较改革前精简编制33.19%。人员、机构和续保经费纳入当地财政预算。

措施二：加大政策扶持，民生全面改善。完成国有林场危旧房改造51775户，实施了国有林场饮水安全工程，开展了国有林场电网改制和改造工作，林场电网基本移交大电网，国有林场公路基本纳入当地农村公路建设规划。省财政每年安排预算补助国有林场职工养老保险续保费用。全省国有林场职工基本养老保险和医疗保险实现了全覆盖。依据相关政策为部分林场职工办理了提前退休手续。通过转岗就业、内部退养、政府购买服务等途径，原本下岗失业人员全部实现了再就业。

措施三：创新发展机制，保护森林资源。落实了国有林场法人自主权，完成了事业单位岗位设置，建立了绩效考核机制，将资源管护水平与林场管理人员的绩效直接挂钩，形成了能者上、劣者下、奖勤罚懒的良性机制。建立了以国有林场森林经营方案为基础的森林资源监管机制，严格实行森林资源限额采伐制度，"十二五"期间，下达木材生产计划较采伐限额少113.41万立方米，全省国有林场实现净增活立木1000万立方米。

措施四：实现政事分开和事企分开。国有林场57所场办学校、87所场办医院全部剥离，教师、医护人员完成转编。337个代管村实现剥离。

经验一：重视程度高。省政府成立了由省长任组长，省委副书记、分管副省长任副组长，11个厅（局）为成员的国有林场改革领导小组。主要省领导多次参与实地调研。

经验二：部门联动强。省编办出台了《关于认真做好国有林场改革中涉及事业单位机构编制调整工作的通知》，统筹解决编制问题；省发改委出台专门文件，将国有林场纳入农村电网改造升级范围；省财政厅安排资金用于林场职工购买养老保险，将国有林场生态公益林国家补助从每亩7元提高到每亩10元；省林业厅建立厅长分片包干制，加强督导。

经验三：方案制定实。各地改革办在制定改革方案时，既体现上级要求，又充分征求各方面意见，体现地方特色。在具体操作上，先行调研，摸清家底；积极试点，积累经验；顶层设计，量力而行。

经验四：宣传动员细。让职工明白国有林场改革是大势所趋，早改革早受益、晚改革晚受益、不改革不受益。改革的目的是保生态、促民生，而不是甩包袱。

6. 河北省

河北省认真实施《河北省国有林场改革试点方案》，紧紧围绕保生态、保民生两大改革目标，加强领导，全力推动，继续深化国有林场改革，着力转变发展方式，基本完成了体制改革、机制创新、改善民生等改革试点任务，取得了3点主要成效。

成效一：管理体制初步理顺，森林资源得到有效保护。河北省成立了承德市国有林场管理处，负责全市国有林场管理。管理体制由原来的县管改为市、县共管，以市为主。试点范围内21个国有林场界定为公益型林场，核定事业编制1017名。国有林场管理机构得到强化，管理体制进一步优化。天然林商业性采伐全部停止，有林地面积增加1533公顷，林木蓄积量增加60万立方米。

成效二：有效推进政事分开，初步建立公益林管护机制。初步实行了以聘用制度和岗位管理制度为主的事业单位人事管理制度，明确了岗位职责和条件，共设立管理岗位122名，专业技术岗位357名。建立了绩效考核制度，将考核结果作为晋升职务和兑现有关待遇的重要依据，通过绩效挂钩，调动了干部职工的积极性，形成干事、务实、高效的良好工作氛围。初步建立了政府购买国有林场公益林管护、抚育等服务机制，近3年共支出4600万元。

成效三：职工生活水平大幅度提高。一是职工工资水平达到每月3500元，较改革前提高了75%，达到当地事业单位职工工资同等水平。原由林场负担的退休人员津贴补贴费用全部纳入社会统筹，由社会保障部门统一发放，拖欠的"五险一金"全部补缴，职工社会保险实现了应保尽保。二是改革补助资金及时到位。2015年，两县财政列支2417万元改革补助资金。三是住房条件大幅改善，丰宁、隆化两县分别在县城完成1016户、813户安置工作。四是富余职工得到妥善安置。富余职工通过自然减员、职工自愿提前离岗等方式，均得到妥善安置，职工队伍稳定。

通过试点发现，河北省国有林场改革工作还有部分内容需要进一步完成，一是在丰宁县和隆化县国有林场确定为公益型林场后，需要进一步明确是公益一类或公益二类的性质。二是国有林场路、水、电基础设施建设滞后，两试点单位21个国有林场中有4个营林区不通公路、不通电、饮水不达标。三是人员结构不合理。30岁以下职工仅占职工总数的5%，有职称的专业技术人员仅占10%，技术和管理人员断档问题比较突出，职工老龄化日趋明显。

第二章　保护与经营

中央 6 号文件将国有林场的功能明确定位于森林资源培育保护，通过国有林场改革建立健全林地保护制度、森林保护制度、森林经营制度，建立制度化的监测考核体制，加强对国有林场森林资源保护管理情况的考核。国有林场是我国林业的重要组成部分，在生态文明建设中具有重要的战略意义，森林资源保护与经营管理水平将成为评价国有林场工作业绩的重要依据。

一、森林资源保护

（一）总体状况

截至 2015 年年底，全国国有林场经营面积 0.76 亿公顷，其中林业用地面积 0.58 亿公顷、森林面积 0.45 亿公顷、森林蓄积量 23.4 亿立方米，分别约占全国林业用地面积、森林面积和森林蓄积量的 19%、23% 和 17%；宜林地面积 0.05 亿公顷。国有林场中幼林面积 0.27 亿公顷，占森林面积的 60%。

截至 2015 年年底，全国国有林场公益林面积 0.41 亿公顷。其中，国家重点公益林 0.27 亿公顷，占林业用地面积的 47%，地方公益林面积 0.14 亿公顷，占林业用地面积的 24%；商品林面积 0.07 亿公顷，占林业用地面积的 12%。林业用地面积中公益林与商品林面积合计 0.48 亿公顷，占林业用地面积的 83%。

（二）区域情况

东北地区：黑龙江省国有林场有林地 499.9 万公顷，总蓄积量 3.99 亿立方米，其中天然林面积 413.6 万公顷，蓄积量 3.17 亿立方米。吉林省国有林场有林地面积 271.8 万公顷，活立木总蓄积量 2.77 亿立方米，分别占全省林业总量的 33% 和 29%。辽宁省国有林场经营总面积 81.67 万公顷，有商品林 23.2 万公顷，占全省 31%；公益林 51.93 万公顷，占全省 69%；林木总蓄积量 5335 万立方米；国有林场森林面积占全省森林总面积的 1/9，蓄积量占 1/5，优质林分大都集中在国有林场。内蒙古自治区国有林场（含岭南八局）有林地面积 720 万公顷，森林蓄积量 3.4 亿立方米。

华北地区：北京市国有林场有林地面积 4.6 万公顷，占全市国有林地总面积的 6.2%，占全市国有林地中有林地面积的 64.1%。其中，灌木林地面积 1.2 万公顷，疏林地面积 690 公顷，天然次生林面积 1.6 万公顷，人工林面积 3 万公顷；森林总蓄积量 162.5 万立方米，森林覆盖率 72.6%。河北省天然林全部纳入停伐范围。国有林场全年完成造林绿化面积 2.4 万公顷，其中场外合作造林 2067 公顷；在 91 个林场完成中央财政森林抚育 5.9 万公顷。山西省全年营造林 9.3 万公顷，完成计划的 190%，完成场外造林 2.5 万公顷。河南省全年完成造林 2.5 万公顷，森林抚育面积 2800 公顷。

东南地区：福建省国有林场林地面积 39.33 万公顷，森林蓄积量 4532 万立方米。广东省国有林场林地面积 78.47 万公顷，占全省林地总面积 7%，森林覆盖率 86%。海南省国有林场天然林面积 34.58 万公顷，占全省天然林总面积（65.93 万公顷）的 52.4%；森林蓄积量 2377.32 万立方米，占全省总量的 13.91%，林场森林覆盖率 75.35%。江苏省国有林场林地面积 9.53 万公顷，森林覆盖率达 81%。山东省国有林场有林地面积 13.93 万公顷。浙江省国有林场有林地面积 23.6 万公顷，森林覆盖率 92.2%，森林蓄积量 2054 万立方米，占全省森林蓄积的 7.75%。

西南地区：广西壮族自治区国有林场总经营面积 145.2 万公顷，森林蓄积总量 8605 万立方米。贵州省国有林场林业用地 34.6 万公顷（包括公益林面积 20.95 万公顷、商品林面积 13.65 万公顷），非林业用地 2533 公顷，森林总蓄积量 2623 万立方米。云南省国有林场按照两类林划分，公益林 183 万公顷（国家公益林 113.87 万公顷、地方公益林 69.13 万公顷）、商品林 57.67 万公顷。

西北地区：甘肃省国有林场林地面积 505.59 万公顷，森林覆盖率 51%。宁夏现有国有林场 98 个，经营总面积 102.93 万公顷，占林地总面积的 57%。青海省国有林场有林地面积 45.48 万公顷。陕西省国有林场有林地面积 302.87 万公顷，活立木蓄积量 3.2 亿立方米，森林覆盖率 74%，有林地面积和活立木蓄积量分别占全省的 38% 和 76%。新疆维吾尔自治区国有林场有林地 204.62 万公顷，活立木蓄积 3.6 亿立方米。

二、森林经营方案的编制与实施

（一）编制森林经营方案

截至 2015 年年底，为贯彻中央 6 号文件精神，落实《国家林业局关于国有林场森林经营方案的编制和实施工作的指导意见》，全国 4855 个国有林场中已经完成森林经营方案编制的有 2383 个，约占国有林场总数的 49%。其中，国有林场森林经营方案完成率最高的为辽宁、福建、湖南、重庆、新疆和中国林科院，完成率为 100%；其次是黑龙江完成率 99.5%、山东完成率 97.4%、浙江完成率 91%、河南完成率 88.3% 等，如图 2-1 所示。

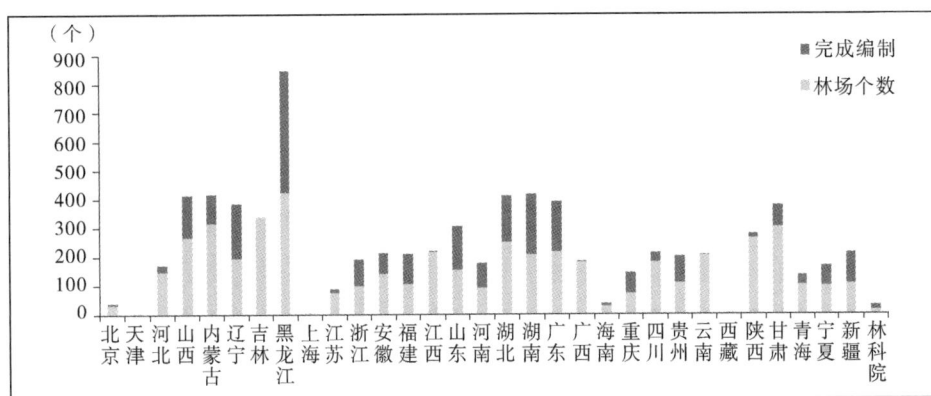

图 2-1 已经完成森林经营方案编制的林场数量

截至 2015 年年底，在未完成森林经营方案编制的 2472 个国有林场中，正在编制森林经营方案的有 1014 个，合计已经完成和正在编制森林经营方案的林场数量占全国国有林场总数的 70%，如图 2-2 所示。

截至 2015 年年底，未编制森林经营方案的国有林场有 1458 个，占未完成总数的 59%，如图 2-3 所示。

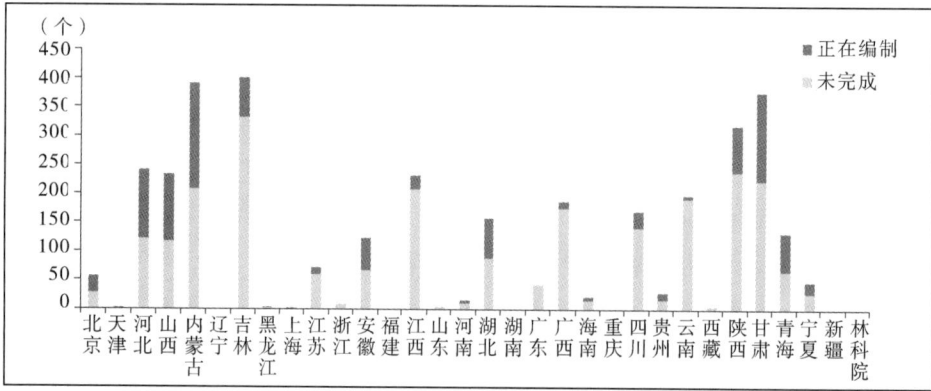

图 2-2　正在编制森林经营方案的林场数量

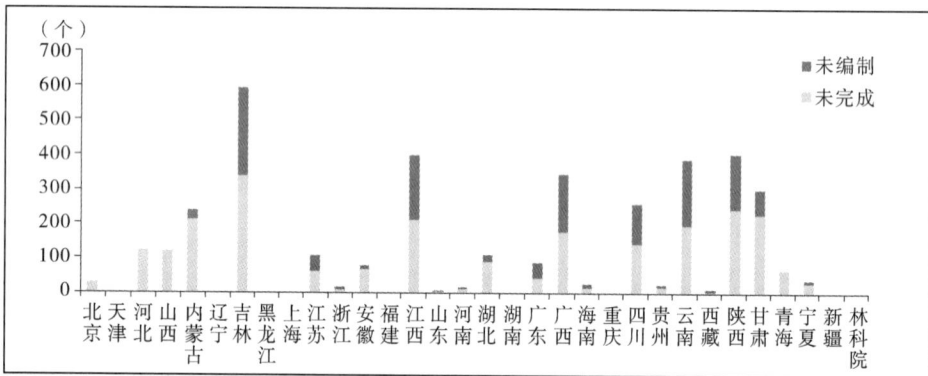

图 2-3　未编制森林经营方案的林场数量

地方动态：

（1）江西省林业厅下发了《关于全面启动国有林场森林经营方案编制与实施工作的通知》，明确了国有林场森林经营方案编制的基本要求、国有林场森林经营方案的实施与监督检查等工作。同时，下发了《关于成立国有林场森林经营方案审批工作小组的通知》，明确了工作小组具体负责国有林场森林经营方案组织编制、审批和实施监管等具体工作。

（2）内蒙古自治区按照《国家林业局关于国有林场森林经营方案编制和实施工作的指导意见》要求，开展了森林经营方案编制情况调查工作，全自治区共有102个林场完成森林经营方案的编制及修订工作，187个林场正在进行森林经营方案的编制，27个林场尚未开展此项工作。

（3）甘肃省督促指导75个国有林场完成了森林经营方案编制修订工作，156个林场正在编制修订中，其余林场已完成调查摸底、资料收集等基础工作，开始着手编制方案。

（4）陕西省林业厅成立了由主要领导任组长的全省国有林森林经营方案编制工作领导小组，制定了《陕西省国有林森林经营方案编制工作方案》。

（5）湖北省积极组织开展全省国有林场森林经营方案的编制工作。2015年，全省已有160个林场完成了森林经营方案编制工作，71个林场正在编制中，20个林场未编制。

（二）森林资源培育保护

1. 造林

2015年，全国国有林场造林总面积72.8万公顷，其中场外造林面积14.8万公顷。内蒙古自治区造林13.1万公顷，造林总面积最大；其次是山西省9.3万公顷，广西壮族自治区7.5万公顷，陕西省7.1万公顷，甘肃省5.3万公顷，吉林省4.8万公顷。广西自治区场外造林4万公顷，场外造林最多；其次是内蒙古自治区3万公顷，山西省2.5万公顷，广东省1.2万公顷，陕西省0.8万公顷，如图2-4所示。

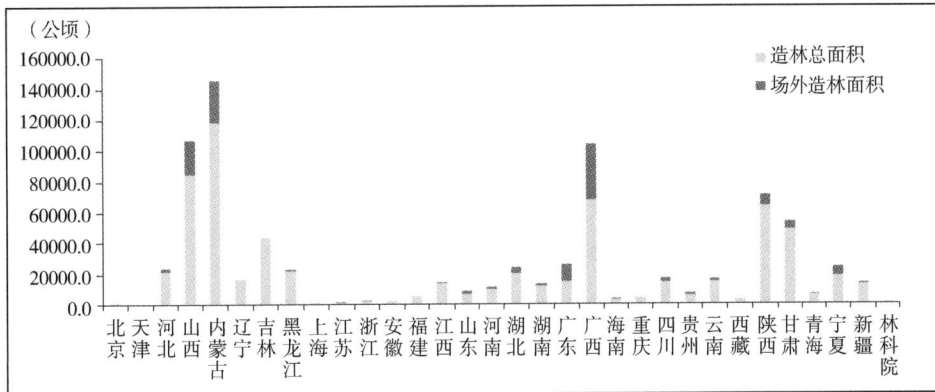

图2-4 国有林场造林及场外造林基本情况

2. 森林抚育

2015年，全国国有林场中幼林抚育面积381.6万公顷，中央财政森林抚育补贴任务落实到国有林场的面积126.3万公顷。广西状族自治区中幼林抚育44.3万公顷，抚育面积最高；其次是河北省27.1万公顷，湖北省24.6万公顷，新疆维吾尔自治区24.5万公顷，内蒙古自治区24.3万公顷。中央财政森林抚育补贴任务落实到国有林场完成面积最多是内蒙古自治区14.9万公顷，其次是黑龙江省11.3万公顷，广东省11.1万公顷，广西状族自治区

10.7 万公顷，甘肃省8.1 万公顷，如图2-5 所示。

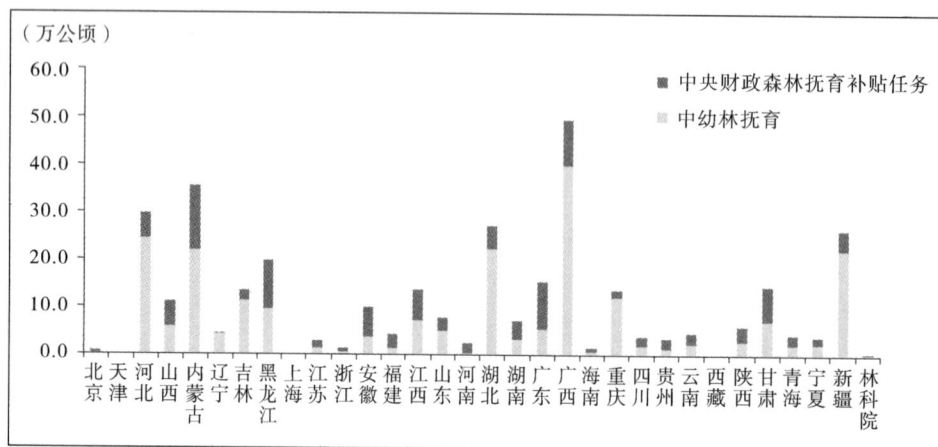

图2-5　国有林场造林及场外造林基本情况

3. 森林经营方案实施示范林场建设

对经营理念新、经营模式成熟、示范性强的河北木兰林管局、广西派阳山林场、山西中条林局中村林场和福建漳平五一林场进行重点扶持，积极探索各具特色的森林经营模式。对示范林场的森林经营情况进行监测、评估、总结。组织起草了《森林经营方案实施示范林场森林经营监测评价方案》。组织编制了《国有林场森林经营方案编制规范》技术标准，已召开专家咨询会并按专家意见进行修改。确定并公布了北京市共青林场等20 家场外造林示范林场和江苏省射阳县林场等8 家场外造林试点林场名单（见附录5）。

第三章　扶贫工作成效

2015 年，通过积极争取资金和政策支持，国有贫困林场扶贫工作取得良好成效，为加快国有贫困林场脱贫攻坚步伐，确保到 2020 年国有贫困林场实现脱贫奠定了坚实的基础。

一、政策支持

（一）拨付国有贫困林场扶贫资金

2015 年，通过国家林业局积极协调，财政部安排国有贫困林场扶贫资金 4.2 亿元，帮助国有贫困林场完善生产生活条件，改善工作用房、安全饮水、通电、通信、道路交通等基础设施落后问题。在扶贫资金的支持下，职工收入明显增加，国有林场形象显著提升，对加强森林资源保护、加快国有林场脱贫致富进程起到了积极的促进作用，见表 3-1。

表 3-1　国有贫困林场扶贫资金分配情况

（单位：万元）

	扶持林场（个）	扶持项目（个）	省级配套	市（县）配套	林场自筹
河北	28	21	186.1	161.6	224.5
山西	62	62	1500	130.0	309.6
内蒙古	—	21	—	—	—
辽宁	25	25	0	0.0	1379.5
吉林	33	33	0	0.0	550.0
黑龙江	27	41	—	20.0	544.0

（续表）

	扶持林场（个）	扶持项目（个）	省级配套	市（县）配套	林场自筹
江苏	39	44	1521	164	315
浙江	14	14	—	—	111
安徽	22	28	335		240.0
福建	25	25	—		3170.9
江西	53	53	—		3111.0
山东	60	59	1141	169.0	168.0
河南	80	80	215	7.5	271.6
湖北	50	50	—	150.0	200.0
湖南	64	64	265		1260.0
广东	32	32	0	0.0	297.6
广西	79	77	100	0.0	1132.0
海南	4	4	220	0.0	781.5
重庆	24	24	0	0.0	717.0
四川	44	44	2501	74.2	143.8
贵州	34	34	300	31.0	210.0
云南	32	32	0	20.0	820.0
西藏	1	2	—	—	—
陕西	34	34	—	41.0	239.7
甘肃	46	46	0	0.0	422.8
青海	13	13	0	300.0	0.0
宁夏	16	14	1697	0.0	12.4
新疆	35	35	—	5.0	211.2

其中，山西省争取扶贫资金1967万元（市、县配套130万元，林场自筹309.6万元），并启动了"示范林场建设工程"，每个林场投资15万元，重点对基础设施、森林文化设施进行提档升级，建立"互联网＋国有林场"公众服务平台。

内蒙古自治区争取国有贫困林场扶贫资金1792万元，共扶持林业项目21个，涉及场部和管护房危房改造项目12个，道路、通电、饮水等建设项目6个，苗圃基地建设项目3个。

吉林省争取中央财政拨付扶持资金 1189 万元，项目单位配套资金 550 万元，共扶持贫困林场 33 个，实施扶贫项目 33 个。

黑龙江省发放扶贫资金 3854 万元，扶持了 27 个国有林场 41 个项目。编写了黑龙江省国有贫困林场扶贫"十二五"总结暨"十三五"发展思路。

浙江省争取国有贫困林场扶贫项目资金 1796 万元，对丽水、台州、温州、金华、衢州市所属 14 个国有贫困林场进行重点扶助，新建（改造）管护用房、新建（改造）林区公路、供水、供电改造等基础设施建设。

安徽省财政安排 335 万元专项发展资金，用于 22 个国有林场发展绿化大苗培育、中幼林龄抚育、基础设施建设。

山东省共争取国家和省扶持资金 2655 万元（国家投资 1514 万元，省级配套 1141 万元），较好地解决了 57 个国有林场通路、吃水、用电及林场办公条件困难等问题，为林场经济林和用材林培育、防护林的森林防火等提供了有利条件。

河南省获中央和省级财政下达国有贫困林场扶贫资金 1225 万元（国家投资 1010 万元，省级配套 215 万元），帮助河南省 15 个省辖市、5 个省直管县的 80 个国有贫困林场争取新建和修缮护林房、林区道路、电力改造、饮水工程及林地改良、良木引种等扶贫项目，生产生活能力有了显著提高。

湖北省争取国有贫困林场扶贫项目资金 1261 万元，分拨到 50 个国有贫困林场，进行水、电、路、危房等基础设施和造林育苗项目建设。其中，饮水项目 4 个、电力改造项目 2 个、林区道路建设项目 40 个、危房改造项目 3 个、造林育苗项目 1 个。

海南省争取贫困林场扶贫资金 1994 万元（中央扶贫资金 992 万元，省财政配套 220 万元，有关贫困林场自筹资金 782 万元），重点扶持 4 个国有林场的林区公路和农贸市场的建设维修等。

四川省安排扶贫资金 2863.2 万元，对 44 个国有林场的危房改造、道路建设、林下经济发展等给予支持。

重庆市下达国有贫困林场扶贫资金 1270 万元，用于支持 24 个国有贫困林场脱贫；同时继续开展国有林场职工子女助学计划。2015 年对《重庆市国有林场职工子女助学办法》进行了修订，取消了区（县）配套部分，全部改为市级补助。全年共安排资金 33.75 万元，用于资助 118 名国有林场职工子女上大学。

贵州省争取中央国有贫困林场扶贫资金 1602 万元，用于全省 34 个国有林场基础设施建设、林下经济及森林旅游发展；争取省级财政国有林场补助费 300 万元，用于林场基础设施建设、林副产品加工、苗木基地建设等"造血"功能项目。

云南省争取扶持资金 1205 万元，安排项目 32 个，基础设施建设类 22 个，安排资金 805 万元；生产发展类 10 个，安排资金 400 万元。

陕西省落实中央扶贫资金 1503 万元，实施扶贫项目 34 个，解决国有林场房舍、水电、道路等基础设施建设。

宁夏回族自治区积极争取国有贫困林场扶贫项目资金 1697 万元，对 10 个县（市、区）及自治区林业厅直属的 2 个国有林场的办公和管护用房、道路等基础设施项目进行了新建或维修。

新疆维吾尔自治区争取国有贫困林场扶贫资金 2114.35 万元（国家投 1958 万元，林场自筹 156.35 万元），安排场部和管护所站维修、通水、通电、供暖、打通断头路、林区道路建设等项目共 35 个，目前已完成 29 个项目。

（二）部署国有贫困林场扶贫工作

为扎实推进国有贫困林场扶贫工作，提高扶贫成效，加快国有贫困林场脱贫步伐，国家林业局下发了《国家林业局办公室关于做好 2015 年国有贫困林场扶贫工作的通知》（见附录 6）；会同中国农林水利工会赴浙江、江西等省进行了联合调研，出台了《国家林业局办公室中国农林水利工会全国委员会关于进一步做好国有林场（林区）帮扶工作的通知》（见附录 7）。

二、扶持林业特色产业发展

（一）推动特色产业

各地从实际出发，依托林业资源优势，因地制宜，积极发展种植、养殖、森林旅游等林业特色产业。2015 年，全国国有林场依托扶贫项目和资源优势，营造经济林 440.6 公顷、培育珍稀树种 72 公顷、造林及低产林改造 2474.7 公顷、新建和改造苗圃 301.9 公顷、发展林下种植业 1576.9 公顷、建设速丰林基地 5757.9 公顷。

其中，福建省 2015 年安排生产经营性项目 15 个，补助资金 1111 万元，主要用于速丰林改造培育 1427.5 公顷，新造速丰林基地 236 公顷。通过加强培育森林资源，增强了贫困林场造血功能，增加了经济收入。

甘肃省扶持建设苗圃 45.9 公顷，栽植经济林 30 公顷，修建森林旅游景观景点 8 处，发展林下种植 7.2 公顷；扶持举办营林造林技术培训班 3 期，培训人员 243 人次，通过学习，提高了国有林场职工的技术水平，增强了营造林能力。

安徽省根据精准扶贫的总要求，年度扶贫资金重点向增强国有贫困林场发展后劲的项目倾斜，如绿化大苗培育、竹林改造培育及林下种植等，取得了良好成效。

（二）带动劳动就业

通过发展特色产业，创造了大量就业岗位，解决了部分林场职工及家属就业问题，提高了职工家庭收入。如河南省王莽寨林场 2015 年全年共接待入园游客突破 17 万人次，门票收入达 267.9 万元，创综合效益 1480.56 万元，带动周边乡镇就业人数 1500 余人次，新增农家宾馆 1 家，准星级宾馆 2 家。仅围绕旅游一项，周边群众人均年增收 3000 余元，森林旅游带动作用日益明显。

三、调研与慰问

2015 年 2 月 4 日，国家林业局党组成员、中央纪委驻国家林业局纪检组组长陈述贤，中国农林水利工会主席盛明富一行到天津市蓟县国营林场慰问调研。期间与蓟县国营林场职工代表面对面交流，询问了他们工作、生活中的实际困难；向他们传达了党中央、国务院对林业生态建设高度重视，对林业干部职工的关心，肯定了林业工人为国家做出的贡献。

10 月 18 日，中央国家机关工会联合会、国家林业局领导一行 15 人赴伊犁哈萨克自治州特克斯县调研，重点调研各部门的中心工作在基层贯彻落实情况和基层机关工会组织建设及其作用发挥等情况，突出调研机关事业单位工作人员养老保险制度改革和国有林场改革、农业发展方式转变、精准扶贫等方面的情况。10 月 19 日，国家林业局机关工会主席蒋周明一行在特克斯县深入贫困村（户）开展帮困走访慰问活动，慰问林业困难职工并送去了慰问金，随后慰问组分别到喀拉达拉镇、呼吉尔特蒙古乡两个乡（镇）的基层林业站进行慰问，为两个站各送去 1 台电脑和 10000 元慰问金，同时到林区与林业职工一起参加森林抚育劳动，体验林业生产活动。

第四章　产业发展

国有林场产业组成主要以林下种植、养殖、速生丰产林、经济林种植等第一产业，板业、小型水电站、采矿业等第二产业，森林旅游、森林人家等第三产业的发展为主。目前，国有林场大力扶持珍贵树种栽培、苗木花卉种植等"造血功能"类项目及以森林旅游为主的非林木产业发展势头良好。

一、产业发展总体情况

（一）投入产出情况

2015 年，国有林场营业总收入 157.19 亿元，比 2014 年减少 23.81 亿元；营业总成本 205.68 亿元，比 2014 年减少 10.82 亿元。营业外净收入 6.88 亿元，比 2014 年增加 0.98 亿元。承包户上交净收入 9.16 亿元，比 214 年减少 1.44 亿元。补贴收入 36.58 亿元，比 2014 年增加 9.48 亿元。2015 年全国国有林场实现净利润 5.05 亿元，比 2014 年减少 2.95 亿元，如图 4-1 所示。

2015 年国有林场政策性社会性经费收入 4.45 亿元。其中，各级财政补助和事业等其他收入 3.67 亿元，企业自筹 0.78 亿元。全年共支出 2.90 亿元（比 2014 年减少 0.4 亿元），其中教育 0.39 亿元、医疗卫生 0.44 亿元、公检法司 0.19 亿元、政府经费 1.07 亿元、环卫等其他 0.81 亿元。

2015 年，国有林场全年营业利润 49.43 亿元（剔除营业总成本中管理费、财务费等期间费用后的产品或行业销售利润），比 2014 年增加 7.2 亿元。营业收入中全年种植业总收入 95.94 亿元，占国有林场营业总收入的 61.03%，营业利润 35.6 亿元，占总营业利润的 72.02%，是国有林场营业收入的主要组成部分。此外，非林木产业发展较快，经济效益开始显现，实现

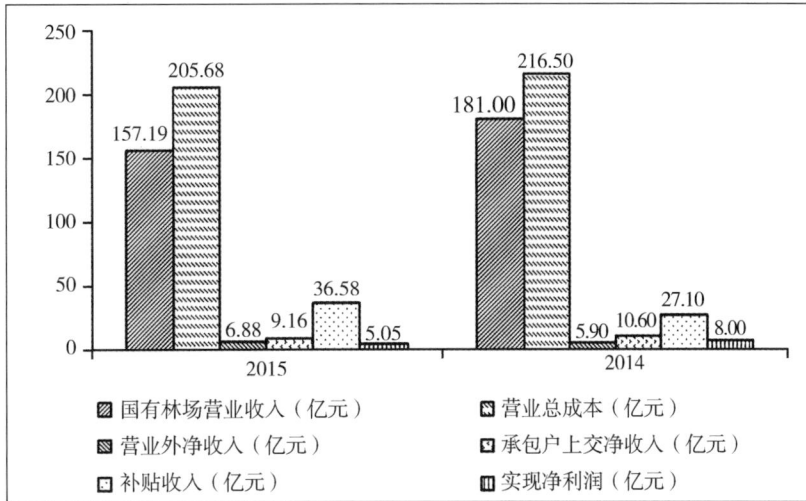

图 4-1　2014～2015 年国有林场总资产季总负债情况

营业收入 40.52 亿元，比 2014 年减少 4.2 亿元，占林场总收入的 25.78%；实现营业利润 13.42 亿元，比 2014 年增加 0.45 亿元，占营业利润的 27.15%。

（二）资产及负债情况

2015 年末，全国国有林场总资产 1731.66 亿元。其中，流动资产 459.1 亿元（货币资金 186.61 亿元），包括固定资产净值和林木资产的非流动性资产 1272.56 亿元（固定资产净值 288.73 亿元，林木资产 747.68 亿元）；国有林场总负债 684.87 亿元，其中流动负债 523.84 亿元，非流动负债 161.03 亿元（如图 4-2 所示）。截至 2015 年年底，含林木资产的资产负债率 39.55%，比 2014 年增加 0.95%；不含林木资产的资产负债率 68.07%，比 2014 年减少 0.95%。所有者权益 1046.79 亿元，其中实收资本 160.38 亿元（国家资本 74.98 亿元），林木资本 725.57 亿元，资本公积 144.67 亿元，盈余公积 28.49 亿元，未分配利润负 11.89 亿元。

二、主要产业收入情况

（一）种植业

2015 年，国有林场全年种植业营业总收入 95.94 亿元（表 4-1），营业总

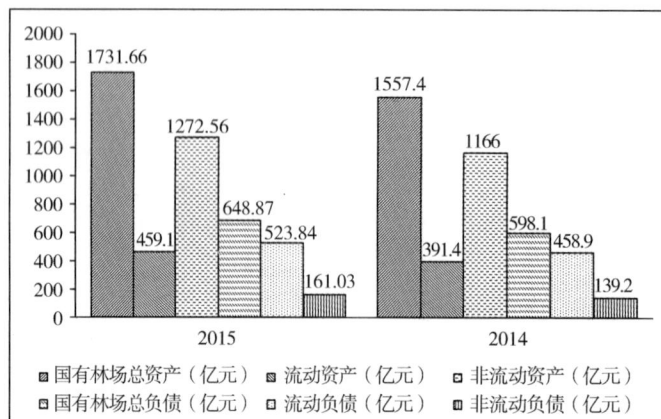

图4-2 2014–2015年国有林场总资产季总负债情况

收入中比例最大。其中，广西壮族自治区营业收入26.36亿元，占全国国有林场种植业营业收入的27.48%，是全国国有林场种植业收入最多的省份；其次是吉林省、黑龙江省、江西省、湖南省。位居前五的省种植业营业总收入占全国营业总收入的64.1%。

表4-1 2015年各省（自治区、直辖市）国有林场种植业收入情况

序号	省份	种植业收入（万元）	序号	省份	种植业收入（万元）
1	北京市	1755	17	湖北省	10589
2	天津市	—	18	湖南省	67598
3	河北省	28115	19	广东省	50794
4	山西省	13832	20	广西状族自治区	263593
5	内蒙古自治区	17549	21	海南省	830
6	辽宁省	44867	22	重庆市	2147
7	吉林省	127501	23	四川省	10125
8	黑龙江省	85375	24	贵州省	7984
9	上海市	7	25	云南省	11923
10	江苏省	10383	26	西藏	—
11	浙江省	11995	27	陕西省	6159
12	安徽省	21227	28	甘肃省	14010
13	福建省	58703	29	青海省	741
14	江西省	70965	30	宁夏回族自治区	2462
15	山东省	4272	31	新疆维吾尔自治区	10250
16	河南省	3666			

（二）养殖业

2015年，全国国有林场全年养殖业营业总收入1.56亿元（表4-2），仅

占全国国有林场营业总收入的 0.1%。其中，浙江省、广西壮族自治区、湖南省养殖业营业收入位列前三名，3 个省份养殖业营业总收入 1.17 亿元，占全国养殖业营业总收入的 75%。

表 4-2　2015 年各省（自治区、直辖市）国有林场养殖业收入情况

序号	省份	养殖业收入（万元）	序号	省份	养殖业收入（万元）
1	北京市	34	17	湖北省	54
2	天津市	—	18	湖南省	1587
3	河北省	52	19	广东省	—
4	山西省	2	20	广西壮族自治区	2153
5	内蒙古自治区	487	21	海南省	125
6	辽宁省	82	22	重庆市	1
7	吉林省	1131	23	四川省	—
8	黑龙江省	287	24	贵州省	
9	上海市	—	25	云南省	46
10	江苏省	670	26	西藏	
11	浙江省	8001	27	陕西省	0
12	安徽省	—	28	甘肃省	45
13	福建省	—	29	青海省	5
14	江西省	—	30	宁夏回族自治区	—
15	山东省	847	31	新疆维吾尔自治区	7
16	河南省	—			

（三）种养业初加工

2015 年，国有林场全年种养业初加工产品全年营业总收入 5.65 亿元（见表 4-3），占全国国有林场营业总收入的 3.59%。其中，广西壮族自治区、吉林省、湖南省位列前三名，3 个省份种养业初加工营业总收入 4.95 亿元，占全国种养业初加工营业总收入的 87.52%。

表 4-3　2015 年各省（自治区、直辖市）国有林场种养业初加工产品收入情况

序号	省份	种养业收入（万元）	序号	省份	种养业收入（万元）
1	北京市	—	17	湖北省	184

（续表）

序号	省份	种养业收入（万元）	序号	省份	种养业收入（万元）
2	天津市	—	18	湖南省	2868
3	河北省	102	19	广东省	751
4	山西省	450	20	广西自治区	43185
5	内蒙古自治区	93	21	海南省	—
6	辽宁省	574	22	重庆市	—
7	吉林省	3407	23	四川省	69
8	黑龙江省	1314	24	贵州省	—
9	上海市	—	25	云南省	2424
10	江苏省	212	26	西藏	—
11	浙江省	29	27	陕西省	21
12	安徽省	1062	28	甘肃省	14
13	福建省	4	29	青海省	—
14	江西省	287	30	宁夏回族自治区	—
15	山东省	286	31	新疆维吾尔自治区	—
16	河南省	—			

（四）森林旅游业

以森林旅游为主的旅游服务业发展势头良好。2015年，我国国有林场旅游服务业实现营业收入8.75亿元（表4-4），占国有林场营业总收入的5.57%。其中，山东省发展势头最好，实现营业收入4.09亿元，占全国营业总收入的46.74%，其次是湖南省、陕西省。3个省份旅游服务业收入6.6亿元，占全国国有林场旅游服务业营业总收入的75.43%。

表4-4　2015年各省（自治区、直辖市）国有林场旅游业收入情况

序号	省份	旅游业收入（万元）	序号	省份	旅游业收入（万元）
1	北京市	274	17	湖北省	2217
2	天津市	430	18	湖南省	19683
3	河北省	3994	19	广东省	3552
4	山西省	1160	20	广西壮族自治区	1542

（续表）

序号	省份	旅游业收入（万元）	序号	省份	旅游业收入（万元）
5	内蒙古自治区	208	21	海南省	—
6	辽宁省	707	22	重庆市	23
7	吉林省	1513	23	四川省	134
8	黑龙江省	144	24	贵州省	308
9	上海市	—	25	云南省	18
10	江苏省	481	26	西藏	—
11	浙江省	1709	27	陕西省	5461
12	安徽省	1587	28	甘肃省	339
13	福建省	173	29	青海省	—
14	江西省	26	30	宁夏回族自治区	—
15	山东省	40898	31	新疆维吾尔自治区	29
16	河南省	926			

三、林产品产销情况

（一）原木

2015 年，全国国有林场全年原木产量 894.64 万立方米，比 2014 年减少 282.17 万立方米；销售量 1136.68 万立方米，比 2014 年减少 257.87 万立方米。木材销售收入 78.37 亿元，比 2014 年减少 13.28 亿元。木材平均售价 689.5 元/立方米，比 2014 年增加 32.28 元/立方米。销售利润 30.07 亿元，比 2014 年减少 5.44 亿元，占国有林场总营业利润的 61%，占种植业营业利润的 84%，见表 4-5。

表 4-5　2015 年各省（自治区、直辖市）国有林场原木产销情况

序号	省份	产量（万立方米）	销量（万立方米）	销售收入（万元）	销售利润（万元）
1	北京市	—	—	—	—
2	天津市	—	—	—	—
3	河北省	252803	290502	17303	9638

（续表）

序号	省份	产量 （万立方米）	销量 （万立方米）	销售收入 （万元）	销售利润 （万元）
4	山西省	55530	58221	2379	902
5	内蒙古自治区	74213	146782	9263	5849
6	辽宁省	460116	459658	29256	18715
7	吉林省	978219	1102100	116903	53375
8	黑龙江省	858507	874694	74783	41563
9	上海市	—	—	—	—
10	江苏省	28607	380980	2881	1222
11	浙江省	80161	85115	8012	3664
12	安徽省	215067	213640	13747	6137
13	福建省	600479	599608	56058	23340
14	江西省	617446	677107	65891	34249
15	山东省	178447	181215	1172	518
16	河南省	44959	35060	2708	-40
17	湖北省	56462	64486	4323	1692
18	湖南省	429496	534899	54554	-4606
19	广东省	605792	656257	46264	21252
20	广西壮族自治区	3050648	4629644	24921	72873
21	海南省	12701	12593	410	310
22	重庆市	16895	16880	1095	655
23	四川省	132102	121958	9589	5207
24	贵州省	87058	99364	7488	2286
25	云南省	101269	110848	9626	1379
26	西藏	—	—	—	—
27	陕西省	4577	7829	353	282
28	甘肃省	4202	6355	333	195
29	青海省	—	—	—	—
30	宁夏回族自治区	—	—	—	—
31	新疆维吾尔自治区	730	626	32	21

（二）纤维板

2015 年，全国国有林场纤维板产业主要集中在辽宁省、浙江省和广西壮族自治区 3 个省份，全年纤维板产量 57.42 万立方米，比 2014 年减少 33.93 万立方米；销售量 72.86 万立方米，比 2014 年减少 16.00 万立方米；实现销售收入 8.77 亿元，比 2014 年减少 2.57 亿元；平均售价 1203.67 元/立方米，比 2014 年减少 72.56 元/立方米；销售利润负 0.27 亿元，比 2014 年利润减少 0.48 亿元。

（三）苗木

2015 年，全国国有林场全年销售苗木收入 11.14 亿元，占种植业总收入的 11.61%，比 2014 年减少 2.89 亿元。实现销售利润 2.08 亿元，比 2014 年减少 7.22 亿元，见表4-6。

表4-6 2015 年各省（自治区、直辖市）国有林场苗木产销情况

序号	省份	销售收入（万元）	销售利润（万元）	序号	省份	销售收入（万元）	销售利润（万元）
1	北京市	1669	342	17	湖北省	5305	1270
2	天津市	—	—	18	湖南省	6267	-830
3	河北省	10310	5009	19	广东省	1410	461
4	山西省	11127	6814	20	广西壮族自治区	11857	-56193
5	内蒙古自治区	6456	2659	21	海南省	100	-74
6	辽宁省	12821	6298	22	重庆市	985	739
7	吉林省	2778	789	23	四川省	417	43
8	黑龙江省	2168	526	24	贵州省	225	79
9	上海市	7	7	25	云南省	524	25
10	江苏省	3542	628	26	西藏	—	—
11	浙江省	2339	478	27	陕西省	5762	828
12	安徽省	2237	1339	28	甘肃省	12315	5221
13	福建省	1935	967	29	青海省	741	126
14	江西省	858	354	30	宁夏回族自治区	2037	-15
15	山东省	2703	1131	31	新疆维吾尔自治区	2161	279
16	河南省	333	-49				

第五章　基础设施建设

中央 6 号文件要求各级政府将国有林场基础设施建设纳入同级政府建设规划，加大对林场水、电、通信、道路、房屋等基础设施建设的投入。2015年，国有林场基础设施建设以国有林场改革为抓手，加强生产生活设施、道路及水电设施的改造与升级，林场场容场貌发生巨大变化，国有林场形象显著提升，职工精神面貌明显改观。

一、生产生活设施建设

（一）危旧房改造

2015 年，全国国有林场新建和维修改造林场场部、分场、管护站所危旧房面积 18.4 万平方米。以户为基数，全国部分省（自治区、直辖市）危旧房改造的基本情况如图 5-1 所示。

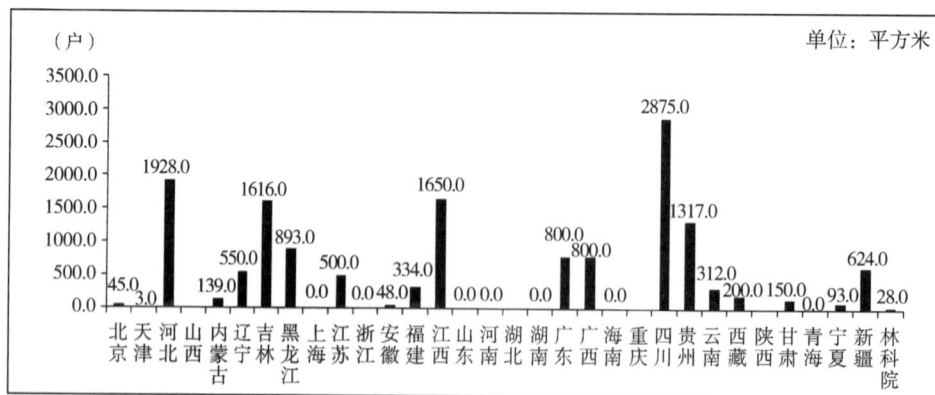

图 5-1　全国部分省（自治区、直辖市）国有林场危旧房改造完成情况

截至 2015 年年底，北京市危旧房改造完成 45 户 1300 平方米；河北省完成 3269 平方米；内蒙古开工户数为 139 户，竣工户数为 96 户，竣工率 55.49%；吉林省已完成并迁新居 1616 户；黑龙江完成 893 户；江西省开工 6500 户，建成 1650 户，竣工率 25.4%；安徽省完成 48 户；江苏省完成 500 户；四川省完成 2875 户；云南省完成 312 户；广东省竣工并分配入住 800 套；福建省改造完成面积 2040 平方米，解决了 300 多个职工的住房问题；甘肃省 2015 年新建和维修职工危旧房，解决了 150 多名职工的住房问题，同时协调省发改委、省住建厅下达林业公共租赁住房配套基础设施建设中央投资 4708 万元，督促指导全省各地、各单位进一步加快工程进度，确保如期完成 5000 户林业公共租赁住房建设任务；宁夏回族自治区争取国有林场危旧房改造项目资金 210 万元，完成危旧房改造 86 户；新疆维吾尔自治区开工 624 户，改造完成配套基础设施 49015 平方米；中国林科院亚热带林业实验中心和沙漠林业实验中心共 1494 户职工住房已纳入危旧房改造范围，计划原址重建 89 户、异地新建 1231 户、维修加固 174 户。

（二）改善场容场貌

2015 年，全国国有林场场区路面硬化 2.2 万平方米，通过场区道路硬化及管护房维修等，使 150 个国有林场场容场貌焕然一新。主要省份情况如下：山西省财政投资 1500 万元，新建管护站 45 个，建筑面积 7200 平方米；对 12 个管护站进行节能改造，在阳光照射条件好的地区推进太阳能供暖管护站改造。内蒙古自治区共有 41 个林场完成管护房、办公、生产用房的建设，建设面积 19806 平方米（新建 4941 平方米，维修 14865 平方米）。吉林省维修办公、生产用房 12100 平方米，生产生活设施和社会形象得到明显改善；浙江省新建（改造）管护用房 4958.4 平方米；重庆市投资 5394 万元改造国有林场管护站点危旧房 3.84 万平方米，使一线护林员生产、生活环境得到明显改善。甘肃省国有林场硬化院坪 3050 平方米，修建围墙 330 米，改善了 7 个林场的办公条件。青海省集中 1387 万元资金为 13 个国有林场新建及维修办公用房、宿舍 5460 平方米，并解决办公和供暖配套设施，新建国有林场围墙 500 米。新疆维吾尔自治区维修管护所站 9 座，维修面积 1831.07 平方米。

二、道路及水电设施建设

（一）道路建设

2015 年，全国部分省（自治区、直辖市）林区道路建设的基本情况（统计中剔除了个别省份截至 2015 年的累计统计值），如图 5-2 所示。其中，全国国有贫困林场新建、硬化、维修林区生产生活道路 1827.9 千米，新建和维修桥梁 6 座、涵洞 36 处，解决了 30 余万职工、家属及代管村农民的出行难问题。

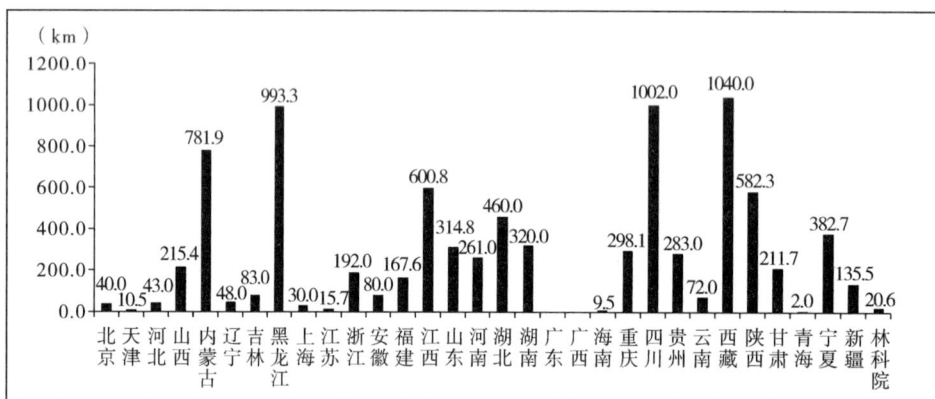

图 5-2　全国各省份国有林场林区道路建设完成情况

甘肃省新建、维修林区道路及防火通道 211.7 千米，修建桥梁 5 座，涵洞 7 个，解决了 19 个林场的 50 多个管护站、280 多名管护工巡山护林难的问题；落实 2015 年度国有林场通沥青（水泥）路建设项目 145.5 千米，会同各级交通部门对全省国有林场道路现状、规划及道路功能属性进行了全面调查摸底，协调争取将 12550.70 千米待建公路纳入省道网、农村公路规划以及"十三五"公路规划。

福建省修建林区道路 167.6 千米，有效地改善了林场生产和生活条件。"十三五"规划建设林区道路 5516 千米，其中主干道 396 千米，次干道 1334 公道，集材道 3786 千米。江苏省国有林场道路建设项目已经纳入全省农村公路提档升级工程的一部分。向省交通厅申报了 2015 年的建设计划 15.7 千米。10 月省交通厅和省财政厅同意了上报计划，并下达了 289 万项目资金，建设约 15 千米。

河南省争取国有林区交通道路项目建设资金 1445.9 万元，修建林区道路 30.05 千米，林场自筹资金修建林区道路 230.95 千米。

辽宁省投资 2160 万元安排大连、本溪、朝阳、葫芦岛等市 22 个国有林场公路建设计划里程 48 千米。

新疆维吾尔自治区国有林场共完成林区道路建设 135.5 千米，断头路改造和林区道路新建分别为 15.66 千米和 28.9 千米。

浙江省新建林区公路 192 千米，通往场部公路已全部实现硬化，万亩以上林区基本实现公路通达。

安徽省新建改造林区道路 80 千米；完成了"十三五"道路建设需求摸底工作：需建场部与县道或省道、国道连接线通往县城道路 217 千米，改造 96 千米；需建场部到分场、管护站道路 1240 千米，改造 2005 千米。

北京市修建防火公路 23 千米。

江西省打通断头路、改扩建林区公路和林区道路 600.8 千米，防火步道 17 千米。

吉林省打通断头路 83 千米。

海南省、湖北省、内蒙古自治区、宁夏自治区、青海省、山东省、山西省、陕西省、四川省、云南省分别完成林区公路建设 9.5 千米、460 千米、781.94 千米、382.67 千米、2 千米、314.8 千米、215.36 千米、582.3 千米、1002 千米、72 千米。

（二）水电设施建设

2015 年，全国国有林场打机井 85 眼，修建泵房 21 座、蓄水池 53 个，铺设输水管道 219.9 千米，解决了 5 万职工、家属及代管村农民的饮水安全问题；新建变压器等供电系统 11 套，新建和改造输电线路 95.3 千米，解决了部分贫困林场场部不通电的现状。

其中，新疆维吾尔自治区国有林场共解决饮水安全和饮水困难人口 7855 人，电力建设设施 56.35 千米。共打机井 10 眼，新建泵房 15 个，新建蓄水池 3 座。用于自来水改造 155 户，装设净化水设备 3 台，修建 3.5 千米防渗渠，引水管线 6.68 千米，闸压井 6 座，新建涵洞 1 处；架设高压线 31.1 千米（其中 18 千米为续建项目），架设 220 伏民用线路 10.25 千米，新建变压器 8 套，新建太阳能供电 17 套，新建太阳能路灯 28 盏；新建锅炉、锅炉房 2 座、暖气管道 2 千米、安装主管 2 千米、循环泵、室内供暖设施及其他配套设施。

广东省投资 3775 万元解决国有林场饮水安全问题，新建或更换国有林场老旧饮水设施，解决部分国有林场林区广大职工饮用水水质不达标、直接饮用地表水、用水不方便、供水设施落后老化等问题。目前，已完成工程建设，惠及 11.5 万林区群众。同时，上报了"十三五"期间国有林场职工饮水安全巩固提升规划，规划投资 9935 万元新建或改善一期饮水设施，巩固提升广东省国有林场职工安全饮水条件。

重庆市新建蓄水池 4 万平方米，修建管线 127.6 千米，投资 2332.5 万元，新建电力线路 54.4 千米，投资 205.7 万元，新安装广播电视接收装置 130 台和视频监控 57 套，新铺设光纤网络 42.7 千米，林场基础设施和信息化建设得到进一步加强。

河南省协调水利部门，下达河南省 2015 年国有林区安全饮水工程投资计划，涉及国有林场职工 30252 人，解决了林场部分职工吃水难、饮水不安全等问题，同时林场自筹资金改造林区电网 80.72 千米。

安徽省完成了 120 千米电路升级改造，同时全省 11 市 39 个县（市、区）89 个国有林场 3.07 万职工及家属，分为 42 个项目，纳入农村饮水安全工程"十二五"规划实施并基本建设完成。

甘肃省铺设输供水管道 7 千米，修建泵房 2 个，蓄水池 5 个，解决了 5 个林场、近 350 名职工及家属生活用水问题；新建和改造输电线路 5.5 千米，配置供电设备 3 套，改善了 2 个林场的办公及职工生活用电问题。

海南省尖峰岭林区安全饮水提质增效工程建设，解决饮水安全和饮水困难人口 1.8 万人，电力设施建设 6.3 千米。

河北省解决饮水安全和饮水困难人口 10550 人，架设电力设施建设里程 15 千米。

黑龙江省结合新林区建设工作，加大了基础设施建设解决 10 个国有林场局 4312 人安全饮水问题，新建电力设施 11.5 千米。

湖北省解决全省国有林场饮水安全和饮水困难人口 17091 人，电力设施建设里程 512 千米。

山西省 131 个林场安全饮水问题得到基本解决，所有林场场部全部实现了通路、通网、通暖，饮水解困工程 2 个，锅炉及取暖设施改造项目 2 个。

吉林省打电机井 5 眼，铺设供水管道 8.5 千米，维修改造输电线路 12 千米，更换变压器 5 台。

内蒙古自治区完成电力设施建设 184.22 千米，解决困难饮水人口 1.03

万人。

宁夏回族自治区建设完成 33.67 千米的电力设施，解决了 4527 户饮水安全问题。

青海省新修供水管道 2.8 千米，改造供电线路 1.2 千米。

山东省解决饮水安全和饮水困难人口数 5257 人，新建电力设施里程 74.3 千米；陕西省解决饮水不安全和饮水困难人口 4000 人，修建建设电力设施 117 千米。

四川省解决饮水安全和饮水困难人口 5083 人，建设电力设施 2049 千米，林场职工生产生活条件进一步改善。

浙江省修建完善国有林场电力设施 21 千米。

第六章　能力建设

2015 年是国有林场改革启动之年，各级国有林场管理部门和组织机构通过培训交流、合作建设、信息化建设、举办全国国有林场职业技能竞赛和职工思想政治工作演讲大赛等一系列活动，进一步提高了国有林场的能力水平，调动了国有林场职工的积极性，为国有林场改革发展注入了新的活力和动力。

一、培训交流

（一）地方党政领导干部国有林场改革专题研究班

2015 年 6 月 25 日，由中共中央组织部主办，国家林业局承办的地方党政领导干部国有林场改革专题研究班开班，来自 26 个省（自治区、直辖市）的县级分管林业工作的党政领导干部共 54 人参加了本次研讨班。研究班采取主题报告、专题讲授、县长论坛、交流研讨、案例教学、情景模拟、到河北省隆化县现场教学和结构化研讨等多种形式，使学员们深入学习了中央 6 号文件精神，了解了新时期林业工作的总体思路和工作部署，对于国有林场改革相关政策有了更深入的认识。同时，通过交流国有林场改革经验，研讨改革工作中存在的重点、难点问题及对策，进一步推进国有林场改革。

（二）国有林场场长培训班

2015 年，国家林业局场圃总站共组织 3 期全国国有林场场长培训班，累计培训近 500 人次。场圃总站副总站长刘春延在培训班上指出，国有林场改革的目的是要破解制约国有林场发展的体制机制障碍，实行公益性管理，不断推动林区社会融入地方、林区经济融入市场，要明确改革目标和重点，弄清改革要怎么改，改革之后该做什么、怎么做等一系列问题。要进一步统一思想，下定决心，排除万难，以时不我待的精神全力做好各项工作，力争打赢国有林场改革攻坚战。

通过培训，国有林场场长们进一步深化了对中央 6 号文件的理解，认识到，一是要严格按照国家林业局关于国有林场改革的要求和部署，跟上改革步伐，稳步向前推进；二是要与各级政府、财政部门做好协调工作，切实保障改革经费，支持国有林场的改革和发展；三是要科学合理确定林场人员编制，整合资源、优化结构，完善改革方案，理清改革思路，确保林场良好运转；四是要强化国有林场内部管理，落实管理责任，强化考核考评，切实发挥林场场长的职能职责，自强不息、开拓创新，全力推进改革。

二、合作建设

（一）科研教学合作

2015 年 7 月 4 日，新疆阿尔泰山国有林管理局哈巴河林管分局与石河子大学生命科学学院合作成立教学科研实践实习基地。石河子大学生命科学学院院长王绍明等 11 名学院教授、博士等与分局班子成员、哈巴河县领导举行了座谈会，座谈会中双方就学院、分局相关实际情况、科研项目合作申报、专业申报与建设、学生培养、各类基地申报、苗圃育苗等林业专业技术、专业技术人员、实践/学习场所，以及在今后各个方面工作的问题进行了交谈。座谈会结束后，生命科学学院与分局签订了教学科研实践/实习既定合作协议。

2015 年 12 月 18 日，华中农业大学园林林学院相关负责人带领部分专家到湖北太子山林管局进行专题考察，双方就太子山林管局森林培育与经营、智慧林业、森林食品加工等方面的科研合作进行了广泛交流，并就一些具体事宜达成了意向。

（二）合作造林

2015 年，河北省木兰林管局桃山林场与御道口乡一复兴地村 1、2 组共 70 多户村民达成协议，由村民拿出部分放牧土地与林场进行合作造林，成材后五五分成。7月5日，86公顷合作造林全部完成。这正是在提倡生态文明建设的今天，国有林场开启绿化造林新模式的一个缩影。

山西省黑茶山国有林管理局、关帝山国有林管理局、五台山国有林管理局分别与地方政府开展合作造林及管护，已经探索出几种合作模式并取得了初步成效。特别是五台山国有林管理局，以实施"双百"精品工程为重点，不断创新造林机制，大力发展局县合作造林，走出了一条优势互补、合作共赢的发展之路。

1. 创新合作机制

自筹合作式造林。实施"双百"精品工程以来，林区营造林工程建设由常规造林向规模化精品化造林转变。为破解林区"宜林地短缺和林改后宜林地流转难，造林投资不足"等问题，与灵丘县合作在平型关集中连片规划了20千米荒山两侧1万公顷的造林任务。采取"地方供地、单方投资、林局实施、联合管护、共同受益"的合作造林模式，全力打造了灵丘县"平型关双百精品造林工程区"，现已完成0.3万公顷造林任务，每亩投资500元（其中京津风沙源工程亩投资300元，林局自筹亩投资200元）。造林质量标准明显提高，成活率、保存率均达到90%或以上。

股份合作式造林。采取"地方供地、林局实施、县局投资、约定分成"的机制，即由局地共同规划，地方政府协调提供宜林荒山荒坡；国有林管理局统筹组织，安排林场专业队实施；国有林管理局按照国家工程投资标准投资，县政府以苗木补助的形式不低于1:1的配套投资；林局和地方按2:8分成。林局与繁峙县共同规划了《繁峙县北部浅山区2013~2015年造林绿化项目总体规划》，3年实施0.7万公顷合作造林，目前已实施完成了0.3万公顷。县财政每亩平均补助300~500元。2014年以同样的运作模式与五台县合作完成忻阜高速两侧精品造林工程666公顷。按照"工程整合、规模实施，区域治理、整体推进"的营林思路，实施了股份合作造林6个万亩工程片，落实国家造林工程0.4万公顷。其中，建成了140公顷的森林公园，18处达67公顷的景点景观林，绿化0.3万公顷荒山，营造460公顷仁用杏经济林。建设规模、标准、质量在当地起到了示范带动引领作用，辐射周边，带动地方，影响社会，确保了当年投资、当年建设、当年成景、当年见效。

跨省合作式造林。积极实施"走出去，引进来"发展战略，经过沟通、协商、洽谈以及实地考察调研，与山东省淄博市原山林场、繁峙县就合作造林项目达成共识，由山东省淄博市原山林场向国家林业局争取造林项目资金，繁峙县协调宜林地，林局负责实施工程建设，集中连片规划 0.7 万公顷造林。总投资 3000 万元，计划 5 年完成。这是省际间、局地间打破地域界限共同建设的一个项目，是省际合作造林机制一个有益的探索。

2. 初见合作成效

合作造林是各种社会资源的有效整合，是三大效益的集中体现，是现阶段探索造林机制模式的有效途径，是激活林业生产力的重要载体，是对林业生产关系的重新调整。

山上有绿了。五台林局所处区域最大的特点就是缺林少绿，风大沙多，干旱少雨，水竭河枯。近年来，通过营造几十万亩生态林，实现了覆盖率每年增加一个百分点，生态环境得到明显改善。曾为不毛之地的局机关所在地砂河北山有了绿，通往五台山景区高速两侧有了树，红色圣地平型关有了林。

农民增收了。在实施林业工程中，把吸收当地农民参与工程建设作为农民增收的一条重要原则。以劳务换增收，以产业带增收，累计共有 5000 多人次参与工程建设，当地农民平均收入在 1500 元以上。根据立地条件和农民的需要，栽植经济林 460 公顷，带动大力发展种苗产业 267 公顷，每年工程拉动社会苗木达 300 万元，实实在在为农民群众找到了一条致富的新路，有一大批农民变为林农。当林业人，发林业财，吃林业饭。

身边景美了。砂河北山森林公园是在过去的不毛之地上建设而成的，在整体设计上既考虑山上治本的生态工程，更要兼顾身边增绿的民生工程，让人多的地方树多，生产生活的地方先绿，增绿与造景有机结合。建成了五台国有林管理局文化产业园，把文化基因与绿色人文融为一体，成为当地的生态教育基地，展示国有林管理局发展史的阵地，全年接待参观人数达 1000 多人，取得了良好的生态、经济和社会效益。特别是砂河镇公园建成后，风沙少了，绿色多了，景色美了，锻炼身体的人多了，生活质量也高了。

发展后劲足了。合作造林为省直林区发展提供了广阔的天地。不仅高质量完成了国家重点造林工程，而且吸引、撬动地方投资向林业工程倾斜。近两年地方直接向国有林管理局投资就达 2280 万元，拉动了国有林管理局种苗产业发展。国有林管理局每年收入的 80% 来自种苗产业，成为林局重要的经济支柱。同时，还培养了一大批懂技术会管理的复合型人才。在支持地方经济建设上，生态建设有了用武之地，与地方关系更融洽，环境更宽松，发展后劲更足。

（三）中日友好林建设

2015 年 11 月 21 日，中日友好交流协会会长曲崎，率专家组赴宁夏白芨滩自然保护区管理局，对中日友好林建设项目进行实地调研。

自 1993 年 10 月宁夏与日本岛根县缔结友好区（县）关系，1997 年开始在白芨滩实施中日友好林建设以来，中日双方已连续 20 年组织友好交流植树活动，累计投资 260 万元，完成人工造林 48.5 公顷，植树 90475 株。

鉴于中日友好林前期项目建设任务的圆满完成和项目实施带来的良好社会效益及明显的生态效能，白芨滩管理局与日本宁夏友好交流协会达成协议，共同投资 5715 万日元，计划用 5 年时间，即 2013 年 12 月 1 日至 2018 年 11 月 30 日，在毛乌素沙地南部区域建设第三期"宁夏岛根友好林"50 公顷，继续推动防护林建设，为世界各国合作开展生态建设和环境保护起到积极示范作用。

2015 年该项目区栽植各类苗木 5567 株，其中：针叶树 1513 株，阔叶树 2922 株，灌木类 1132 株。该项目的实施，一是增加了区域面积的生态植被，提高了覆盖率；二是降低了区域内沙漠的流动速度，减少沙漠对周边环境的侵害；三是增加了区域环境的生态容量，对有效改善区域降雨环境提供支持；四是保护了沙漠周边公路、社区、村庄及农田不被沙埋，有利于群众生产生活。

该项目的实施产生了良好的社会效益，先后有日本岛根县民友好交流团、宁夏大学、宁夏医科大学等社会团体到项目地参加植树造林活动，扩大了该项目的社会影响力。

（四）开发建设合作

2015 年 3 月 23 日，山西省关帝山国有林管理局（以下简称"关帝林局"）与山西省顺发热电有限责任公司（以下简称"顺发公司"）正式签订了《抚育采伐剩余物利用合作意向》。关帝林局同意顺发公司采集中幼林抚育作业所产生的枝桠、梢头、截头、灌木以及不能制材的小杆、小料等，由顺发公司承担一切费用，关帝林局按每吨 10～20 元的标准收取资源费，并每年向顺发公司收取 30 万～50 万元管理费。采集剩余物作业由林场组织，并派施工员现场监督管理，在指定区域内清理，确保林地防火安全。开展森林抚育采伐剩余物利用，对提高森林抚育质量，实现林区职工和农民增收，均有重要意义。

2015 年 11 月 11 日，山西省林业厅与山西省国新能源集团签署《山西省国有林区林场中药材开发利用项目战略合作备忘录》，山西省林业厅厅长李永林表示，希望下一步双方按照约定，相互信任、相互尊重、相互支持、相互理解，共同推动中药材的发展，推动山西林业资源管护利用方式更符合实际，加快推进国有林场转型发展。

三、信息化建设

（一）加强网络信息传播

2015 年，全国国有林场改革工作通过中国林场信息网发布信息总量达 3200 余条，点击量突破 10 万，信息上报质量和速度明显提高。为加强国有林场改革宣传力度，增加国有林场社会影响力，根据 2015 年信息工作安排，国家林业局国有林场和林木种苗工作总站举办了"2015 年国有林场十大最具影响力网站"甄选活动。活动共有 15 个省（自治区、直辖市）的 79 家国有林场网站报名参加，依据"十大最具影响力网站评分标准"，广西国有派阳山林场、四川省古蔺县笋子山林场、河北省塞罕坝机械林场总场、湖北省太子山林场管理局、新疆天山西部国有林管理局、广西国有黄冕林场、山东泰安市徂徕山林场、甘肃省小陇山林业实验局、广西国有七坡林场、山东省淄博市原山林场等 10 家国有林场网站获得"2015 年国有林场十大最具影响力网站"荣誉称号。

2015 年，以各林场级用户全年（2015 年 1 月 1 日至 12 月 31 日）发布的信息量作为排名依据，评选"2015 年中国林场信息网信息发布十佳林场"。获得"2015 年中国林场信息网信息发布十佳林场"称号的是：湖北省太子山林场管理局、河北省木兰围场国有林场管理局、河北省隆化国有林场管理处（原河北省隆化县国营林场管理局）、广西国有黄冕林场、河北省塞罕坝机械林场、山东淄博市原山林场、江西省安福县明月山林场、广西国有高峰林场、云南省昌宁县林业局、湖北竹溪县天池垭林场。

（二）完善国有林场数据库

2015 年是国有林场改革全面启动之年，为了加强国有林场基础数据的收集、汇总与分析，国家林业局国有林场和林木种苗工作总站下发了《关于开展国有林场数据库 2014 年度数据填报审核督导工作的通知》。截至 2015 年底，2014 年各省（自治区、直辖市）填报数据的审核任务已基本完成。

（三）举办信息员培训班

2015 年 5 月 12 日，全国国有林场信息员培训班在浙江武义牛头山国家森林公园举行，来自全国各省（自治区、直辖市）的 100 多名国有林场信息员参加培训。期间，国家林业局国有林场和林木种苗工作总站杨超总站长阐述了信息工作的重要意义，并对国有林场信息工作提出了具体要求。他强调，信息工作是各级领导决策的重要依据，是强化管理的重要手段，是宣传国有林场改革成就、扩大国有林场在全社会的影响、展示国有林场精神面貌的重要平台，是新常态下对林业发展的必然要求。各级领导要围绕林业改革和生态建设这个中心，服务大局、强化基础、提高素质，把信息工作列入议事日程，坚定不移地把信息工作抓紧、抓好、抓出成效。要进一步加强信息员队伍建设，完善奖励措施，努力提高信息员素质，建好网站，同心协力把信息工作做好。

培训班邀请了北京林业大学李铁铮教授，讲授《信息采编与传播技巧》课程；听取了浙江省林业厅国有林场和森林公园保护总站、江西省林业厅林木种苗和林场管理局、河北省木兰围场国有林管理局、山西省太行山国有林管理局、湖北省太子山林场管理局等 5 家单位关于信息工作的做法和经验介绍。

四、全国国有林场职业技能竞赛

2015 年 7 月 14 日，国家林业局、中国就业培训技术指导中心与中国农林水利工会全国委员会在黑龙江省宾县万人欢林场联合举办了"2015 年中国技能大赛——全国国有林场职业技能竞赛"。此届职业技能竞赛与以往职业技能竞赛相比有新的亮点：①竞赛场地由人工林改为天然林；②测量树木胸径由利用仪器测量改为目测；③推广目标树森林经营技术规程。力求通过职业技能竞赛达到提升技能促生态、历练队伍展风采的目的。

此届竞赛共有来自 27 个省（自治区、直辖市）32 个代表队的 96 名选手参加，经过激烈角逐，黑龙江省尚志国有林场管理局小九林场的赵鑫等 15 名选手分获个人一、二、三等奖，张振峰等15名选手获得个人优秀奖；黑龙江省林业厅等10个代表队分获团体一、二、三等奖。获得一等奖的选手赵鑫报请中华全国总工会授予"全国五一劳动奖章"，并与获得二等奖的吉林森工集团红石林业局陆秀建、黑龙江省尚志国有林场管理局小九林场刘思阳共同报请人力资源和社会保障部授予"全国技术能手"荣誉称号。详见附录8。

五、国有林场思想政治工作演讲大赛

2015年10月20~21日，"高峰杯"国有林场思想政治工作演讲大赛在广西南宁举行。此次演讲大赛由中国林业职工思想政治工作研究会国有林场分会和中国绿色时报社主办，是全国国有林场系统举办的首次演讲大赛，受到社会广泛关注，人民网直播点击率达180万人次。

此次演讲大赛以"我与国有林场"为主题，旨在提高国有林场思想政治工作水平，推动国有林场改革发展。国有林场分会20多家理事单位的500余名选手参加选拔，28名选手进入决赛。参赛选手有来自一线的林场工人、森林民警、消防队员等，有为林场默默奉献了几十年的老护林员，也有刚刚告别校园投身林场改革的"新生力量"。最终，广西国有高峰林场的马青清等20名选手分获得个人一、二、三等奖，贾丽娜等8名选手获得个人优秀奖。通过大赛，充分展示了国有林场改革发展的勃勃生机和国有林场干部职工积极投身改革的崭新风貌（见附录9）。

六、国有林场职工思想政治工作调研

2015年，依托中国林业职工思想政治工作研究会国有林场分会，由河北省木兰围场国有林场管理局、四川省洪雅国有林场、福建省洋口国有林场及山西省五台山国有林管理局等4个单位牵头，分赴8省区开展国有林场职工思想政治工作调研，为广大林场干部职工搭建了思想交流平台。

第七章　宣传与文化建设

中央 6 号文件印发以来，通过在《人民日报》、《新闻联播》、《焦点访谈》等主流媒体上大力宣传国有林场改革，在电视、报纸、网站、微信公众号等各类媒介上对国有林场改革及发展进行广泛传播，并在多家报纸、网站、期刊上对国有林场改革进行头版、专刊报道，引起了全社会的广泛关注和热烈反响。同时，通过开展"国有林场十大最美内刊甄选"、发掘推广国有林场干部职工先进事迹和典型案例、挖掘一线职工随笔文化等活动，极大地促进了国有林场的文化建设水平，增强了国有林场改革宣传力度和社会影响力。

一、宣传与报道

（一）主流媒体聚焦国有林场改革

中央 6 号文件印发以来，《新闻联播》、《焦点访谈》、《人民日报》等中央媒体多次报道国有林场改革工作，引起了全社会的广泛关注和强烈反响。

1. 新闻联播播报国有林场改革方案

2015 年 3 月 17 日，新闻联播用时 7 分钟，全文播报了《国有林场改革方案》和《国有林区改革指导意见》，原文如下。

中共中央、国务院近日印发了《国有林场改革方案》和《国有林区改革指导意见》，并发出通知，要求各地区各部门结合实际认真贯彻执行。

国有林场改革方案指出，保护森林和生态是建设生态文明的根基，深化生态文明体制改革，健全森林与生态保护制度是首要任务。国有林场是我国生态修复和建设的重要力量，是维护国家生态安全最重要的基础设施，在大规模造林绿化和森林资源经营管理工作中取得了巨大成就，为保护国家生态安全、提升人民生态福祉、促进绿色发展、应对气候变化发挥了重要作用。但长期以来，国有林场功能定位不清、管理体制不顺、经营机制不活、支持政策不健全，林场可持续发展面临严峻挑战。为加快推进国有林场改革，促进国有林场科学发展，充分发挥国有林场在生态建设中的重要作用，制定本方案。

（1）国有林场改革的总体要求

指导思想。全面贯彻落实党的十八大和十八届三中、四中全会精神，深入实施以生态建设为主的林业发展战略，按照分类推进改革的要求，围绕保护生态、保障职工生活两大目标，推动政事分开、事企分开，实现管护方式创新和监管体制创新，推动林业发展模式由木材生产为主转变为生态修复和建设为主、由利用森林获取经济利益为主转变为保护森林提供生态服务为主，建立有利于保护和发展森林资源、有利于改善生态和民生、有利于增强林业发展活力的国有林场新体制，为维护国家生态安全、保护生物多样性、建设生态文明做出更大贡献。

基本原则。坚持生态导向、保护优先；坚持改善民生、保持稳定；坚持因地制宜、分类施策；坚持分类指导、省级负责。

总体目标。到 2020 年，实现以下目标：生态功能显著提升、生产生活条件明显改善、管理体制全面创新。

（2）国有林场改革的主要内容

明确界定国有林场生态责任和保护方式；推进国有林场政事分开；推进国有林场事企分开；完善以购买服务为主的公益林管护机制；健全责任明确、分级管理的森林资源监管体制；健全职工转移就业机制和社会保障体制。

（3）完善国有林场改革发展的政策支持体系

加强国有林场基础设施建设；加强对国有林场的财政支持；加强对国有林场的金融支持；加强国有林场人才队伍建设。

（4）加强组织领导，全面落实各项任务

加强总体指导，明确工作责任。

2. 新闻联播跟踪报导国有林场改革

2015 年 3 月 19 日，《新闻联播》记者就《国有林场改革方案》和《国有林区改革指导意见》专访国家林业局有关负责人，原文如下。

导语：中共中央、国务院近日发布了《国有林场改革方案》和《国有林区改革指导意见》，这是新中国成立以来国家首次对国有林场和国有林区进行全面改革。那么，这次改革有哪些新内容新提法？记者就此专访了国家林业局有关负责人。

正文：国有林区和国有林场是我国最重要的生态基础设施，在过去主要是以砍树伐木，经营木材为主，这次改革就是要改变这一局面，实现两大历史性转变。

同期：一个是由以木材生产为主向以生态建设为主转变，一个是由以发挥经济功能为主向以发挥生态功能为主转变。

——国家林业局总工程师封加平

正文：这次改革有两大主要目标，首先是保护生态。实行最严格的管理制度，确保国有森林资源不破坏不流失。其次是保障职工基本生活。改革不搞强制性的买断方式，不搞一次性的下岗分流，要确保职工就业有着落，基本生活有保障。

中央拿出专项的资金，把我们林场的职工做到应保尽保。保证他们基本的生活有保障。

——国家林业局国有林场工作总站站长杨超

不管采取哪项措施，都要坚守保生态、保民生的两条底线，绝不能造成森林资源破坏，绝不能造成国有资产流失。

——国家林业局总工程师封加平

正文：此外，在这次改革中，明确要求国有林场和国有林区不再具备社会职能，也就是说，像过去归林场管理的医院、学校、村庄等，都要剥离，把它们移交给当地政府归口管理。

3. 焦点访谈聚焦国有林场改革

2015年3月14~15日，中央电视台《焦点访谈》栏目组记者到江西省永丰县就国有林场改革进行现场采访，国家林业局国有林场和林木种苗工作总站、国家林业局宣传办、江西省林业厅、地方林业局以及林场相关人员接受了采访。3月19日，《焦点访谈》栏目首播国有林场改革——"护林育林保生态"，原文如下。

中共中央、国务院印发了国有林场改革方案。说起国有林场，可能有的人并不那么熟悉，但是，大家都知道黄山、泰山、九寨沟、张家界，而这些著名的景区都坐落在国有林场的范围内。再往大里说，国有林场承担着保护和改善生态环境的重要任务，所以说，它和我们每个人的生活都密切相关。那么，国有林场为什么要改革？又该如何改呢？先看这样一组数据。

全国有 2570 个国有林场建立了森林公园，占全国森林公园总数的 90%；有 242 个国有林场建立了湿地公园，占全国湿地公园总数的 50%。国有林场每年可吸收二氧化碳 4 亿多吨，释放氧气近 13 亿吨，年吸收大气污染物 800 万吨。特别是一些城郊林场，在对抗城市污染、改善城市局部小气候等方面发挥着特殊功能。

在这次改革方案出台之前，国家先行在 7 个省进行了试点，江西就是其中之一。3 月正是江西的雨季，也是林场造林的好时节。江西省永丰县古县林场副场长陈国庆在山上指导工人种树。老陈在国有林场已经工作 30 年，当了 10 年的场长。说起改革前后的变化，他感受最深的就是操心的事不一样了："原先天天围绕职工工资，为养活人发愁，现在工作重点就是护林防火，培育森林，保护森林。"

改革之前，江西的国有林场有的是自收自支的事业单位，有的是企业，财政没有拨款，都得自己找饭吃，职工的工资、社保基本靠砍伐木头。在计划经济时代，每个国有林场都分配进来大量人员，吃饭的人不断增加，而树越砍越少。江西省林业厅厅长介绍："到最后就形成'种树、砍树、养人'这么一个循环过程，很多国有林场经营不下去，已经到了发展尽头，甚至有人概括为'三不如'——'基础设施不如农村，自主经营不如农业，生活水平不如农民。'"

连续多年的砍伐，让森林资源破坏严重，国有林场的发展陷入"资源枯竭、经济危困"的境地。一边是职工要吃饭，一边森林资源亟待保护，为了国家的生态安全，也为了林场的生存和发展，国有林场必须改革。这次改革，首次明确了国有林场的主要功能，那就是保护、培育森林资源，维护国家生态安全。

改革之后，陈国庆所在的林场，变为财政全额拨款的公益性事业单位，县里给林场核定了 100 多个事业编制，职工工资和社保纳入县财政，由政府负担。此外还有 80 多个工作岗位，主要通过政府购买劳务的方式解决，优先考虑林场职工。

2014 年，江西对全省的国有林场进行了调整，把原来的 425 个林场重组为 216 个。陈国庆所在的林场合并了周边的 4 个国有林场，经营面积比以前大了近一倍，但职工人数却比以前少了一半。

改革之后，国有林场富余人员的安置是个关键问题。改革《方案》明确提出"不采取强制性买断方式""不搞一次性下岗分流"，要确保职工基本生活有保障。国家林业局国有林场工作总站负责人介绍："这一次中央、国务院在方案中特别提出要做到国有林场职工的社会保险应保尽保，为此中央安排专项资金用于职工的养老保险，社会保险还包括医疗保险，使职工解除后顾之忧，保证职工的合法权益。"

这次国有林场改革，政府要承担主体责任。以江西省永丰县为例，这次改革中，他们核定了395个事业编制，意味着财政每年要增加2000万元的开支。县里给记者算了3笔账：改革后，林场职工的工资、社会保险列入财政预算，每年可以少砍树3万立方米；全县林场整合之后，减少了管理岗位和人员，节省开支1300多万元；此外，得到中央和省财政改革专项资金4100多万元，用于解决林场职工的社会保障问题。

国有林场改革涉及全国4855家国有林场，75万名职工，面广人多，肯定会出现各种各样的矛盾和问题。在改革中，确保一亩林地不能少，一根林木不能丢，让国有林场真正担负起培育资源，保护生态的骨干作用，才能为子孙后代留下美丽家园。

4. 《人民日报》评论

《人民日报》2015年3月18日2版发表评论，内容如下：

中共中央国务院近日发布《国有林场改革方案》和《国有林区改革指导意见》，标志着这两项改革上升为重大国家战略和全面深化改革的重大举措。党中央、国务院站在中华民族永续发展、推进生态文明建设的战略高度，吹响了国有林场改革的号角，这是我国生态文明建设和林业发展史上又一个新的重要里程碑。

国有林场和国有林区是我国生态修复和建设的重要力量和主战场，管护着我国最优质、最精华的森林资源，也是我国优质生态产品的重要生产者和提供者。但长期以来，由于功能定位不清、支持政策不力、体制机制不顺等原因，它们在为经济社会发展和生态文明建设做出巨大贡献的同时，普遍陷入了"资源枯竭、经济危困"，森林资源过量消耗，基础设施和公共服务十分薄弱，广大林业职工生活十分贫困。

只有通过改革，在国有林场和国有林区建立最严格的林地管理制度、森林资源保护管理制度，推动国有森林资源总量不断增加、质量不断提升，才能不断巩固中华民族永续发展的生态根基。

提升生态环境质量，尽快补上国有林场和国有林区的贫困短板，事关全面建成小康社会大局。我国仍是一个缺林少绿的国家。明确国有林场和国有林区生态公益功能定位，让他们能把更大的精力投入到森林资源保护和培育中，从而不断提升生态环境质量。同时，通过改革，减轻国有林场和国有林区负担，完善改革政策支持体系，切实改善广大林业职工的生产生活条件，确保他们和全国人民一道迈进全面小康。

良好的生态环境是最普惠的民生福祉。人民群众过去主要求生存，现在更多求生态。积极顺应人民群众新需求、新期待，推进国有林场和国有林区改革，全面增强其供给优质生态产品的能力，从而为增进人民生态福祉、提升百姓生活品质提供更加有力的保障。

5.《中国绿色时报》社论

《中国绿色时报》2015年3月18日第001版发表社论，内容如下：

3月17日，全国国有林场和国有林区改革工作电视电话会议召开，国务院副总理汪洋出席并做重要讲话。此前，中共中央、国务院正式印发了《国有林场改革方案》和《国有林区改革指导意见》，这标志着我国国有林场和国有林区改革工作进入实质性推进阶段，必将成为我国生态建设和林业发展史上又一个新的里程碑。

保护森林和生态是建设生态文明的根基，深化生态文明体制改革，健全森林与生态保护制度是首要任务。国有林场和国有林区是宝贵的生态资源、国家最重要的生态安全屏障和森林资源培育战略基地，在国家生态安全全局中具有不可替代的地位和作用。但长期以来，国有林场和国有林区管理体制不顺，经营机制僵化，投入渠道不畅，导致资源管理弱化、经济发展困难、基础设施落后、民生问题突出。推进国有林场和国有林区改革势在必行，这是破解长期以来制约林场林区发展体制机制障碍的战略性和根本性举措，也是更好地保障国家生态安全、提升生态公共产品供给能力、改善林区民生的迫切需要。

各地区各部门要从战略和全局的高度，深刻认识加快推进国有林场和国有林区改革的重要意义，自觉把思想和行动统一到中央的决策和部署上来，创新体制机制，完善政策体系，努力走出一条资源增长、生态良好、职工增收、林区和谐稳定的可持续发展之路。

要坚决守住保生态、保民生两条底线，加快推进国有林场和国有国有林区改革。改善生态是林业之本，推进国有林场和国有林区改革，要将发挥生态功能、提供生态服务、维护生态安全确定为国有林场和国有林区的主要功能和基本职能，作为推进国有林场和国有林区改革发展的基本出发点，坚持生态导向、保护优先。改善民生事关国家大局，推进国有林场和国有林区改革，要切实解决好国有林场和国有林区职工最关心、最直接、最现实的利益问题，认真落实改善林区民生的政策措施，加强林场和国有林区基础设施建设，让林区职工群众真正从改革中获益，尽快使林场和国有林区的生产生活水平上个新台阶。

要强化森林资源资产监管，确保国有森林资源不破坏、国有资产不流失。国有林场和国有林区改革，要把厘定资源资产作为改革的首要任务，全面摸清森林资源以及固定资产、流动资产、无形资产等资产总量，建立明晰的国有资产台账，严格资产管理，严防国有资产流失。要以维护和提高森林资源生态功能作为改革的出发点和落脚点，实行最严格的国有林地和林木资源管理制度，确保国有森林资源不破坏、国有资产不流失，为维护国家生态安全奠定坚实基础。

要坚持改革的公益性方向，做到因地制宜、分类指导、省级负责。各地要根据林业生态建设的实际，科学合理确定改革模式，不强求一律，不搞一刀切。各级政府要把国有林场林区改革摆上重要位置，按照负总责、负全责的要求，抓紧制定改革的具体实施方案、明确改革时间表和路线图，细化工作措施，层层落实改革举措和森林资源保护责任。要坚持改革的公益性方向，做到林场公益性质明确到位、事业编制落实到位、财政预算保障到位、基础设施建设资金安排到位，确保国有林场林区改革顺利推进。

（二）百名记者走进林场采访报道

2015 年 6 月 17 日，国家林业局办公室印发《关于开展"绿水青山生态脊梁——百家媒体百名记者进林场"主题宣传活动的通知》，决定组织新闻记者走进国有林场进行体验和采访，进一步加大国有林场改革宣传力度，营造全面推进国有林场改革的浓厚氛围。历经半年的时间，100 家新闻媒体的记者深入全国约 100 家国有林场进行采访报道；中央电视台、中央人民广播电台、《人民日报》、新华网等 20 多家中央媒体和网站，先后 12 次深入 14 个省份的 28 个国有林场进行采风宣传。

（三）刊发《林业要情》及专版

2015 年，《林业要情》上刊发了《各省国有林场改革实施方案亮点》等信息 5 篇。《中国绿色时报》和《林业经济》发表了"国有林场改革""国有林场技能竞赛"等一系列专版。

6 月 25 日，《中国绿色时报》发表了专版"破冰探索，争做国有林场改革的先行者——聚焦 2014 年度国有林场创新发展的'标杆'"。梳理总结了24 家"全国十佳林场"改革发展的典型事迹，为国有林场改革的稳步推进加油打气（见附录10）。

二、国有林场十大最美内刊甄选

2015年，为加强国有林场改革宣传力度，增加国有林场社会影响力，国家林业局国有林场和林木种苗工作举办"国有林场十大最美内刊甄选"活动。

此次活动共收到13家林场报送的刊物，经过专家及100家林场场长的投票选举，10家林场的刊物脱颖而出。10个获奖刊物分别是：山东省淄博市原山林场的《原山旅游》、河北省木兰围场国有林场管理局的《木兰新知》、河北省塞罕坝机械林场的《塞罕坝场报》、广西南宁树木园的《良凤江》、广西国有高峰林场的《高峰》、广西国有黄冕林场的《绿色黄冕》、广西国有派阳山林场的《派阳山》、江西省安福县明月山林场的《明月山人》、广西国有七坡林场的《七坡林业》、河北省隆化县茅荆坝国营林场的《茅林之声》。

三、先进事迹和典型案例

我国国有林场大多是新中国成立初期建立起来，专门从事营造林和森林管护的林业事业单位。伴随着新中国的发展和壮大，经历不同发展阶段和各种困难，迎来全面改革的恢复发展阶段，在这过程中涌现出了许多可歌可泣的典型案例和先进模范，创造了辉煌的发展史，蕴含了独特的林场文化。

在国有林场改革进程中，通过地方报导和选送，涌现出了：带动山东省淄博市原山林场致富，当选十二届全国人大代表传递民声，视走在为民服务的路上是责任也是义务的孙建博；贵州印江县木黄镇高石坎林场坚守大山护林40余年的护林队；湖北省太子山的"花木兰"；河北省隆化县徐八屋林场的"忠诚卫士"；护林30年愿有后来者的梅香福；坚守在基层生产一线的技术员范国华等典型和模范（见附录11）。

四、职工随笔

2015年，通过中国林场信息网汇总林场文萃文章116篇，均来自基层林场最可敬、可爱的一线林场职工之笔。有的描写平凡工作岗位上的惊人之举，有的描绘国有林场美丽的自然景观，有的记录职工持之以恒的奉献精神，还有的抒发自己对工作和自然景观的热爱，等等（见附录12）。

附　录

附录1　国家林业局时任局长赵树丛电视电话会议讲话

落实政策措施 加强资源监管
全面完成国有林场和国有林区改革任务

(2015 年 3 月 17 日)

2015 年 2 月 8 日，中共中央、国务院印发《国有林场改革方案》和《国有林区改革指导意见》，对国有林场和国有林区改革作出全面部署。全国林业系统将认真贯彻落实中央文件和此次会议精神，采取有力措施，狠抓工作落实，确保全面完成国有林场和国有林区改革任务。

一、精心组织编制改革实施方案

我们将严格按照中央文件精神，坚持生态优先、改善民生的原则，指导各地在 2015 年 9 月底之前编制完成国有林场和国有林区改革省级实施方案，进一步明确改革的具体任务和主要目标，确保改革方向不走偏、不走样。各地要结合实际，因地制宜，积极探索各具特色的改革模式，确保改革符合基层实际。坚持山水林田湖综合治理，在保护好森林生态系统的同时，对国有林场和国有林区内的各类生态系统进行统一保护和修复，不断提升国有林场和国有林区的整体生态功能。根据国有林场"保护培育森林资源、维护国家生态安全"的功能定位，按照公益性改革方向，界定林场生态责任和保护方式，积极推进政事分开、事企分开。同时创新内部管理机制，切实加强人事、财务和资源管理，全面增强林场发展活力；根据国有林区"发挥生态功能、维护生态安全"的战略定位，逐步推进国有林区政企政事分开，按照"机构只减不增、人员只出不进"的要求，逐步形成精简高效的国有森林资源管理机构。东北地区和内蒙古重点国有林区要选择不同类型的国有林业局，尽快启动国有林区改革试点。西南、西北地区及其他森工局、采育场等原则上按

《国有林场改革方案》推进改革。

二、切实担当起森林资源监管的责任

严格按照习近平总书记关于"从厘定森林资源总量入手，搞清家底后再启动改革"的要求，把厘定资源资产作为改革的首要任务，全面摸清森林资源以及固定资产、流动资产、无形资产等资产总量，建立明晰的国有资产台账，严格资产管理，严防国有资产流失。切实加强森林资源监管，把林地湿地管理放在更加突出的位置，严厉查处非法侵占林地湿地案件，全力维护国家森林资源安全。不断创新森林资源管护机制，采取行之有效的管护模式，提高管护效率，确保管护效果，凡能通过购买服务方式实现的要面向社会购买。不断创新森林资源监管体制，建立归属清晰、权责明确、监管有效的森林资源产权制度，健全林地保护制度、森林保护制度、森林经营制度、湿地保护制度、自然保护区制度、监督制度和考核制度。我局将认真履行职责，严格国有森林资源监管。

三、逐步停止天然林商业性采伐

天然林是结构最复杂、群落最稳定、生物量最大、生物多样性最丰富、生态功能最强大的陆地生态系统，对维护生态安全、淡水安全、国土安全、物种安全具有特殊功能。习近平总书记明确指出，要全面停止天然林商业性采伐，研究把天保工程范围扩大到全国，争取把所有天然林都保护起来。李克强总理明确要求，要就天然林保护制定细化方案。目前，全国天然林每年采伐量仍然很大，其中国有林区天然林采伐量就达 256 万立方米。我们将加快制定《全国天然林保护实施意见》，有序停止国有林区和国有林场、集体和个人所有天然林商业性采伐，逐步把全国天然林都保护起来。

四、全面落实各项政策措施

国有林场和国有林区改革涉及林业职工切身利益和国家生态安全，必须全面落实各项政策措施，才能确保改革取得预期成效。我们将通过报纸专栏、政策解读等形式，广泛宣传国有林场和国有林区改革的重要意义和政策措施，打消职工群众顾虑，让广大职工理解改革、参与改革、支持改革。督促各地认真落实改善林区民生的政策措施，让林区职工群众真正从改革中获益，维护林区社会和谐稳定。进一步加强与发展改革、财政、人力资源社会保障、金融、交通运输等部门的协调，从财政投入、金融政策、基础设施建设等方面争取政策扶持，形成改革的强大合力。改革完成后，及时对各省改革成效进行评估验收，确保改革质量经得起历史和人民检验。

在着力抓好国有林场和国有林区改革的同时，我们将创新造林绿化机制，完善政策措施，认真实施《全国造林绿化规划纲要（2011～2020年）》，扎实推进退耕还林还草、防沙治沙、草原生态保护建设等重点生态修复工程，着重做好"一带一路"、京津冀、长江经济带等重点地区造林绿化工作，2015年完成造林540万公顷以上，落实退耕还林还草任务60万公顷，建设国家储备林基地60万公顷，完成森林抚育630万公顷，完成种草改良1374万公顷，禁牧草原9372万公顷，绿化湖泊库区0.4万公顷，绿化江河沿岸6200千米。同时，认真落实森林、草原防火地方行政首长负责制，加强重点地区森林、草原重大有害生物防控，维护国家森林资源安全，巩固造林绿化成果。

总之，我们将认真学习领会习近平总书记、李克强总理重要指示精神，按照党中央、国务院的决策部署，把保生态、保民生放在首要位置，全面落实各项改革任务，充分发挥国有林场和国有林区在维护生态安全中的特殊作用，为建设生态文明和美丽中国、实现中华民族永续发展做出新的更大贡献。

附录2　国家发展改革委副主任连维良在国有林场改革电视电话会议上的讲话

认真贯彻落实 扎实稳妥推进
确保国有林场和国有林区改革取得预期效果
(2015 年 3 月 17 日)

2015 年 3 月 17 日,国务院召开电视电话会议,对国有林场和国有林区改革工作进行部署,汪洋副总理出席会议并做重要讲话,充分体现了党中央、国务院对林业特别是国有林场林区改革工作的高度重视。发展改革委将认真落实党中央、国务院决策部署,充分发挥职能作用,与相关部门密切配合,扎实稳妥推进国有林场和国有林区改革。

一、坚定不移贯彻落实国有林场和国有林区改革战略部署

各级发展改革部门要认真学习中发 6 号文件精神,会同相关部门做好改革统筹协调工作,以维护和提高森林资源生态功能作为改革的出发点和落脚点,落实最严格的林地林木资源管理制度,确保国有森林资源不破坏、国有资产不流失。

一是明确保护生态和保障职工基本生活两大目标,坚决守住保生态、保民生的底线。习近平总书记指出,国有林区和国有林场改革要守住保生态、保民生两条底线。李克强总理要求,要进一步加快林业改革发展,为建设生态文明和美丽中国做出新的贡献。改革推进过程中,国家发改委将配合有关部门和地方,切实把握好改革的步骤和节奏,把国有林场主要功能定位于保护森林资源、维护生态安全,分类确定林场属性;在黑龙江国有林区开展停止天然林商业性采伐试点的基础上,有序停止内蒙古、吉林重点国有林区天然林商业性采伐。对国有林场和国有林区富余职工,将通过购买服务从事森林管护抚育、开发林业特色岗位、加强职业技能培训转岗就业等方式妥善安置,切实保障好职工生活。

二是切实做到政事分开、政企分开、事企分开,充分激发国有林场和国有林区发展活力。多年来,国有林场和国有林区长期处于政事不分、政企不分、事企不分的状态,历史包袱沉重,严重制约了国有林场和国有林区的发

展，影响了森林资源的保护。在国有林场改革方面，将积极推进政事、事企分开，落实林场法人自主权；事业编制主要用于聘用管理人员、专业技术人员和骨干林业技能人员；对林场从事的经营活动实行市场化运作，对暂不能分开的经营活动，实行"收支两条线"管理；加快分离办社会职能。在国有林区改革方面，将加强分类指导，对地方政府职能健全、财力较强的地区，一步到位剥离企业的社会管理和公共服务职能，人员和经费交由地方政府承担；在一步到位有困难的地区，先行在企业内部实行政企分开，逐步创造条件将行政职能移交当地政府。

三是科学创新森林资源监管体制，确保森林资源不破坏、国有资产不流失。保护森林资源是一条红线，决不能逾越。在国有林场改革过程中，要建立健全科学严格的国有森林资源监管体制，按照生态区位、面积大小、监管事项、对社会全局利益影响程度等因素，明确各级林业主管部门的监管事项。在国有林区改革过程中，逐步形成精简高效的国有森林资源管理机构，强化国务院林业行政主管部门派驻地方森林资源监督专员办事处的监督职能，加强对重点国有林区森林资源保护管理的监督。

二、扎实稳妥推进国有林场和国有林区改革任务落实

一是加强对国有林场和国有林区改革工作的综合协调。国家发改委将会同林业局切实做好统筹协调，根据不同地区实际，对各地国有林场和国有林区改革进行分类指导和服务，及时发现和研究解决各地改革中出现的矛盾和问题，确保改革顺利推进。配合国有林场和国有林区改革工作小组成员单位，抓紧制定和完善配套政策措施，切实加大对国有林场和国有林区改革的支持力度。

二是及时做好对改革成效的督导评估。改革过程中，有关部门将组成调研督导组，不定期地对各地国有林场和国有林区改革情况进行督导，适时评估改革方案实施情况，积极引入第三方评估机制，确保改革沿着正确方向顺利推进。

三是扎实做好改革期间社会稳定工作。国有林场和国有林区改革涉及广大职工切身利益，要充分尊重职工意愿，了解职工需求，切实解决好职工最关心、最直接、最现实的利益问题。国有林场和国有林区改革工作组将随时掌握改革动态，及时发现和解决重大问题，各地方、各单位应深入细致做好职工思想工作，做好风险预警，及时化解改革风险，切实处理好改革、发展

与稳定的关系。

三、积极协调深化国有林场和国有林区改革配套政策

按照党中央、国务院要求，我委将配合相关部门重点做好以下工作。

一是抓紧研究制定配套改革方案。制定和实施好社会保障、职工住房、人事管理、财务管理和森林监督管理制度、监督机构设置办法、化解金融债务的政策或方案，进一步增强改革措施的可操作性，以确保改革实现预期目标。

二是加快林场林区基础设施建设。各级发展改革部门要商相关部门加大对林场林区供电、饮水安全、森林防火、管护站点用房、有害生物防治等基础设施建设的支持力度。抓紧核定国有林场道路属性并纳入相关省（自治区、直辖市）公路网规划。利用好林业棚户区和危旧房改造等政策机遇，切实改善职工居住条件，加强管护站点用房建设。结合国有林区改革和国有林场撤并整合，积极推进深山远山职工搬迁。

三是指导地方落实资金投入。国有林场改革实行分类指导，省级负责。目前，中央财政已经明确安排一定规模的资金用于支持国有林场改革。下一步，我委将配合有关部门，充分发挥地方政府的主体作用，指导地方统筹解决国有林场改革成本，确保改革顺利推进。在国有林区改革方面，将加大对林区基本公共服务的政策支持力度，促进林区与周边地区基本公共服务均等化。

附录3 财政部副部长胡静林在国有林场改革电视电话会议上的讲话

加大财政支持力度
积极推进国有林场和国有林区改革

（2015年3月17日）

2015年3月17日，国务院召开电视电话会议，全面启动、部署国有林场和国有林区改革工作，这是贯彻全面深化改革、推进生态文明建设的重要举措，具有非常重要的意义。财政部将认真贯彻党中央、国务院的决策部署，充分发挥财政职能作用，积极支持国有林场和国有林区改革。

一、积极支持国有林场改革和国有林区改革试点

党中央、国务院高度重视国有林场和国有林区改革，习近平总书记、李克强总理多次做出重要指示，汪洋副总理更是深入林场林区一线调查研究，为国有林场和国有林区改革指明了方向，明确了思路。近年来，财政部将支持林业生态建设和国有林场、国有林区改革放在十分重要的位置，积极会同发展改革委、林业局就国有林场和国有林区改革进行了认真的调查研究，提出政策意见，增加安排财政资金，支持开展国有林场改革试点，启动重点国有林区停止天然林商业性采伐试点，为全面推开改革积累了经验。

一是支持国有林场改革试点。按照每名职工补助2万元、每亩林地补助1.15元的标准，2012～2014年，中央财政安排改革试点一次性补助资金37亿元，支持在浙江、江西、湖南等7个省份开展国有林场改革试点。中央财政补助资金主要用于补缴国有林场拖欠的职工基本养老保险和基本医疗保险费用、林场分离场办学校和医院等社会职能费用。对先行自主推进改革的地区，中央财政按照统一标准给予补助，作为奖励资金，不让改革者吃亏。中央财政补助资金有效地发挥了引导作用，带动了各级财政投入，促进建立了新的管护经营机制。为支持国有林场改革与发展，"十二五"以来，中央财政还安排森林生态效益补偿、良种培育、造林和森林抚育补贴等林业补助资金89.7亿元，用于国有林场所属国家级公益林的保护与管理，支持国有林场加强林木良种繁育、造林和森林抚育，增加森林面积，提高森林质量；安排

天然林保护工程财政专项资金 53.6 亿元，用于天保工程区内 1312 个国有林场的森林管护、职工社会保险补助、政策性社会性支出等；安排石油价格改革财政补贴资金 61.4 亿元，用于支持解决国有林场经营困难等问题。

二是支持启动全面停止黑龙江重点国有林区天然林商业性采伐试点。按照国务院批准的方案，2014 年，中央财政增加安排天保工程财政资金 23.5 亿元，支持黑龙江重点国有林区开展全面停止天然林商业性采伐试点。按照"花钱买机制"的要求，中央财政新增安排的天然林保护工程财政资金，以保障林区干部职工的基本生活、维持林区社会的正常运转为重点，推动黑龙江重点国有林区以全面停伐试点为契机，改革林区经营管理体制，将森工企业原来承担的社会管理、森林资源管理和采伐经营的职能尽快转变成森林资源管理和为林区提供公共服务。与此同时，中央财政还建立了天然林保护工程改革奖励补助机制，推动政企分开、企事分离。对天保工程区国有林业单位承担的消防、环卫、街道等社会公益事业移交地方政府管理的，中央财政给予补助；对天保工程区国有林业单位承担的教育、医疗卫生等社会职能移交地方政府管理的，中央财政按照天然林保护一期工程补助标准和已移交人数给予补助；对改革积极性高、措施得力、成效显著的省（自治区、直辖市）予以适当奖励。

二、认真贯彻落实国有林场改革方案和国有林区改革指导意见

2015 年，中共中央、国务院印发了《国有林场改革方案》和《国有林区改革指导意见》，这是指导国有林场和国有林区改革的纲领性文件。财政部将认真贯彻落实中央文件和这次会议的精神，进一步完善政策措施，加大资金投入力度，全面支持推进国有林场和国有林区改革。

一是进一步加大支持改革的投入力度。2015 年，财政部会同国家林业局优化调整林业补助资金使用结构，增加安排国有林场改革补助支出。同时，增加安排资金，适当提高天然林保护工程国有林管护费补助标准以及国有国家级公益林生态效益补偿标准。

二是探索建立天然林保护全覆盖的奖补机制。认真贯彻落实习近平总书记、李克强总理的指示精神，财政部将增加安排资金，会同国家林业局等有关部门，支持内蒙古、吉林重点国有林区全面停止天然林商业性采伐，支持一部分国有林场以及集体和个人所有天然林开展停伐试点，逐步建立天然林保护全覆盖的奖补机制，力争用 3 年时间完成天然林保护政策全覆盖，把所

有天然林都保护起来。

三是会同有关部门研究分类化解债务问题。财政部将积极配合有关部门，按照中央文件和这次会议精神的要求，在深入调研的基础上，探索分类解决国有林场、国有林区历史性债务问题的有效途径，为林场林区改革发展减轻包袱。

国有林场和林区改革任务艰巨，意义重大。各级财政部门将认真贯彻落实中央的决策部署，统一思想，加强配合，扎实工作，开拓创新，积极推动国有林场和国有林区改革不断取得新成效。

附录4　中国银监会电视电话会议讲话

盘活存量 用好增量
提升林业发展的金融服务水平

国有林场和国有林区改革是全面深化改革的重要内容，是生态文明建设的重要举措。这次印发的改革方案和指导意见既是对过去工作的总结，也是下一步指导国有林场和国有林区改革的顶层设计。银监会将按照党中央、国务院的决策部署，认真落实改革方案、改革指导意见，特别是汪洋副总理讲话精神，认真做好各项金融支持服务工作，切实推动林场林区各项改革政策落地生根。

森林、生态是人类可持续发展的根基，林业、林区是生态可持续发展的根基。没有林业、林区的可持续发展，就不可能有良好生态的持久维护。在过去的工作中，我们配合国家林业局在减免森工企业金融债务、推进林区抵押贷款、创新涉林信贷产品、支持植树造林和天然林保护等方面做了一些有效益的探索，取得了一定的工作成效。今后我们将进一步加快金融创新、完善金融政策，全力支持林区林业的深化改革和健康发展。重点做好4项支持工作。

一是支持发展林权抵押贷款。将林权抵押贷款由试点扩大到全国，通过抵押信贷唤醒沉睡的森林，盘活固植的财富，将林区林场的财产性权利转化为现实的财富性收益。

二是支持国有林场基础设施建设，将林场林区水利工程、保障性安居工程等纳入政策性金融服务范围。

三是支持林场林区发展普惠金融。通过增设银行网点、电子渠道、产品创新等措施，提高林区金融服务覆盖面，让涉林金融享受"三农"金融的平等政策和可获得性，切实提升林区金融服务均等化水平。

四是支持国有林场和森工企业化解历史不良债务，让林场、森企轻装上阵，转型发展。逐笔核对摸家底，银行业金融机构要与国有林场和国有林区森工企业、地方政府多方对账，确保数据准确，避免空白或重复统计，做到账账一致、账实一致、账表一致，依法严格界定不良资产。分类处理不良债务，对于政策性或类政策性贷款形成的不良贷款，会同财政部、林业局研究制定可操作的化解措施；对于其他不良贷款，按照我会统一的不良贷款处置要求，引导银行业金融机构加大处置和管理力度，积极盘活存量资产，引导银行业金融机构按照财政部有关规定加大呆账核销力度，同时加强已核销贷款的追收管理。

国有林场和国有林区大多分布在全国重要生态功能区和生态脆弱区，广大林业职工为国家生态建设和提升国民生态福祉发挥了重大作用。全国银行业金融机构要以生态文明建设的历史使命感和责任感，认真做好国有林场和国有林区的各项金融支持工作，让现代金融服务走进林场、林区，惠及林业全体员工。

附录 5　首批国有林场场外造林示范林场、试点林场

一、20 家场外造林示范林场

北京市共青林场

河北省承德县北大山林场

山西省五台山国有林管理局

辽宁省通远堡林场

吉林省国营九台市波泥河林场

江苏省如东海堤林场

浙江省庆元县永清林场

安徽省祁门县大洪岭林场

福建省清流国有林场

江西省安福县明月山林场

山东省寿光市国有机械林场

河南省黄柏山林场

湖北省钟祥市花山寨林场

湖南省桂东县宋坪林场

广西壮族自治区国有高峰林场

重庆市彭水县毛云山国有林场

四川省古蔺县笋子山林场

贵州省扎佐林场

云南省州属芒村林场

甘肃省白龙江林管局白水江林业局白源林场

二、8 家场外造林试点林场

江苏省射阳县林场

江苏省大丰市林场

云南省昌宁县立桂国社合作林场

陕西省商州区杨斜林场

陕西省商州区夜村林场

甘肃省南华林场

新疆维吾尔自治区阿勒泰地区园林场

新疆维吾尔自治区沙湾县三道河子林场

附录6 关于做好 2015 年国有贫困林场扶贫工作的通知

国家林业局办公室关于做好 2015 年国有贫困林场
扶贫工作的通知

各省、自治区、直辖市林业厅（局）：

为深入贯彻落实习近平总书记和李克强总理在首个"扶贫日"对扶贫开发工作的重要批示、中央 6 号文件以及全国国有林场帮扶工作经验交流会精神，扎实推进 2015 年国有贫困林场扶贫工作，提高扶贫成效，加快国有贫困林场脱贫步伐，现就有关事项通知如下。

一、编制扶贫"十三五"实施方案

各省级林业主管部门要按照中央 6 号文件和《中国农村扶贫开发纲要（2011~2020 年）》的要求，结合本省（自治区、直辖市）实际，积极联系发展改革、财政、住房建设、交通、水利、能源等部门，在国有林场电网改造升级、职工住房改善、管护站点布局、道路建设、饮水安全保障、信息化建设等方面进行科学规划，抓紧编制本省（自治区、直辖市）国有贫困林场扶贫"十三五"实施方案，经省级人民政府批准后实施，并报国家林业局备案。

二、创新扶贫工作机制

各级林业主管部门要积极探索扶贫工作新机制，减少扶贫工作的随意性和盲目性，避免扶贫资金安排中存在的"撒胡椒面"和挤占挪用等现象。要将扶贫工作与国有林场改革紧密结合，实现"改革一场，扶持一场，致富一场"。要建立扶贫工作绩效考评制度，对扶贫目标、资金管理和工作成效等内容实施考评，考评结果与扶贫资金安排挂钩，确保扶贫工作取得实效。

三、进一步加大扶贫支持力度

各级林业主管部门要落实中央 6 号文件提出的"将国有贫困林场扶贫工

作纳入各级政府扶贫工作计划，加大扶持力度"的要求，积极协调地方政府支持国有贫困林场发展。要加大与有关部门的沟通协调力度，力争扶贫资金总量有大幅增加。要用足用好现有林业政策，基本建设投资、森林抚育补贴、造林补贴、林木良种补贴、森林保险保费补贴等各项林业资金安排要向国有贫困林场倾斜。要认真落实已纳入"十二五"相关规划的国有林场扶持政策，确保2015年完成国有林场应有的建设任务和投资。

四、确定一批扶贫重点项目

各地要在组织实施好国有贫困林场基础设施建设、科技推广及培训项目的同时，积极利用自身优势，发展苗木、花卉、茶叶、林果、森林旅游等绿色、有机、无污染的特色产业，妥善安置富余职工，促进林场增加收入。请各省级林业主管部门在已经启动改革的国有贫困林场中，选择2~3个省级林业主管部门支持力度大、基础工作扎实、工作机制健全、富余职工得到安置、预期效益良好的特色产业项目，对项目名称、背景、内容、规模、进度、投资估算、资金来源、组织领导、责任分工、当前和预期效益、安置富余职工人数及占富余职工总数比例，以及省级林业主管部门支持政策等进行详细说明，形成文字材料，于每年5月29日前以正式文件形式（一式三份）报送国家林业局，我局选择项目实施效果显著的国有贫困林场作为扶贫重点特色产业项目实施示范基地，适时予以公布、宣传和推广。

附录7 关于进一步做好国有林场（林区）帮扶工作的通知

国家林业局办公室、中国农林水利工会全国委员会 关于进一步做好国有林场（林区）帮扶工作的通知

各省、自治区、直辖市林业厅（局）、林业工会，内蒙古、吉林、龙江、大兴安岭森工（林业）集团公司、工会，新疆生产建设兵团林业局、工会：

为贯彻落实全国国有林场帮扶工作经验交流会、国家林业局与中国农林水利工会第十四次联席会议精神，进一步做好国有林场（林区）帮扶工作，提升帮扶成效，加快国有贫困林场（林区）脱贫步伐，现就有关事项通知如下。

一、加强组织领导

各级林业主管部门、林业工会要把国有林场（林区）帮扶工作摆上重要议事日程，主要领导负总责，分管领导具体抓，层层落实分解任务，确保责任到人。各级林业主管部门和林业工会要加强沟通协作，定期召开联席会议，制定工作计划，明确责任分工，细化工作措施，统筹协调工作中的重大事项。要制定和完善社会保障、富余职工安置等一系列帮扶政策，帮助困难职工解决参加社会保险和转岗就业等问题。要加强跟踪分析和督促检查，及时发现问题并加以解决，不断完善帮扶方式，提高帮扶工作水平，推动各项政策措施落到实处、取得实效。

二、确保资金投入

各级林业主管部门、林业工会要积极争取地方财政的资金支持，切实提高国有林场、国有林区帮扶工作的资金投入水平。要主动向地方总工会汇报，将国有林场、国有林区帮扶工作纳入地方帮扶工作范畴，并按照中华全国总工会2010年14号文件的要求，将帮扶资金向国有林场、国有林区倾斜。要加强对帮扶经费的使用监管，强化财务管理和审计监督，严防帮扶经费被挪用和流失。

三、完善帮扶机制

各级林业主管部门、林业工会要健全国有林场、国有林区困难职工帮扶档案，准确把握困难职工的基本情况，实行动态化、规范化管理，进一步加强帮扶中心、帮扶站点建设，逐步做到帮扶网络全覆盖。要建立健全帮扶救助机制，积极开展元旦、春节送温暖、金秋助学等活动，大力引导扶持困难职工发展特色产业、自营经济，为困难职工无偿提供法律咨询和法律援助。要完善社会保障机制，积极与当地民政部门协调，把没有脱贫能力的老、弱、病、残特困户全部纳入最低生活保障范畴。

四、夯实工作基础

各级林业主管部门、林业工会要深入开展调查研究，认真总结经验，主动适应新常态下国有林场、国有林区帮扶工作的特点和规律。要在努力争取各方面的理解和支持，推广帮扶好经验、好典型的同时，客观反映帮扶工作中亟待解决的困难和问题。要加强国有林场、国有林区队伍建设，强化帮扶与扶智相结合，做好干部职工的培训交流、异地挂职锻炼等工作，为国有林场、国有林区职工提供更多的专业培训机会，努力提高国有林场、国有林区干部职工的自身素质和工作能力。

附录8　全国国有林场职业技能竞赛实施细则、结果通报

2015年中国技能大赛
全国国有林场职业技能竞赛实施方案

一、组织机构

竞赛组委会下设办公室、资格审查组、竞赛组、裁判组、仲裁监审组、宣传组、保障组等，具体人员和职责如下。

（一）办公室

主　任：国家林业局国有林场和林木种苗工作总站副总站长　刘春延
国家林业局天保办总工程师　闫光锋
中国农林水利工会副主席　孙涛
副主任：国家林业局国有林场和林木种苗工作总站国有林场改革处处长
管长岭
国家林业局天保办社会保障与发展处处长　刘永红
中国农林水利工会林业部部长　刘季英
国家林业局人才交流中心处长　吴秀平
黑龙江省林业厅森林经营局局长宋德义
职　责：办公室设在国家林业局场圃总站。主要负责组织编制竞赛实施方案；协调、落实、检查与竞赛相关各项目的执行情况；组织拟定上报竞赛组织委员会的相关文件；综合协调竞赛承办单位相关事宜；竞赛组织委员会的日常管理工作；竞赛重大事项决策、竞赛实施方案及相关文件审定。

（二）资格审查组

组　长：国家林业局人事司副司长　郝育军
副组长：国家林业局人事司人才劳资处处长　王常青
成　员：国家林业局人事司人才劳资处　张栋
国家林业局人才中心鉴定处　关震
负责竞赛选手的资格审查。

（三）竞赛组

组　长：国家林业局国有林场和林木种苗工作总站副总站长　刘春延

副组长：国家林业局国有林场和林木种苗工作总站国有林场管理处处长
　　　　李焰
　　　　国家林业局天保办培育管护处处长　赵鹏

成　　员：国家林业局规划院生态工程规划设计处处长　张国红
　　　　河北省塞罕坝机械林场总场科研所所长　程顺
　　　　国家林业局国有林场和林木种苗工作总站国有林场管理处　杜书翰

职　　责：负责确定竞赛试题并组织赛务工作。

（四）裁判组

裁　判　长：国家林业局人才中心副主任　文世峰

副裁判长：国家林业局造林司森林经营处处长　蒋三乃
　　　　　国家林业局资源司利用监管处处长　崔武社

裁　判　员：由竞赛组委会具体确定。

负责赛场纪律、打分、评判、记录、汇总等。

（五）仲裁监审组

组　　长：中国就业培训技术指导中心竞赛处处长　贾伟一

副组长：中国农林水利工会林业部部长　刘季英
　　　　国家林业局人才中心鉴定处处长　吴秀平

职　　责：负责监督裁判工作、竞赛秩序、违纪人员处理和竞赛仲裁。

（六）宣传组

组　　长：国家林业局宣传办副主任　樊喜斌

副组长：国家林业局宣传办政工处处长　航宇
　　　　中国绿色时报社绿色产业部主任　康勇军

职　　责：负责宣传报道工作。

（七）保障组

组　　长：黑龙江省林业厅森林经营局局长　宋德义

副组长：黑龙江省宾县林业局局长　滕玉文

职　　责：负责竞赛后勤保障、安全保卫、赛场秩序维护等。

二、竞赛方法

竞赛分为预赛和决赛，具体竞赛方法如下。

（一）天然林林分调查项目竞赛方法

1. 赛场海拔240米左右，坡度5°~15°，坡位中、下。林况为以蒙古栎为主的天然次生林。

2. 竞赛前由竞赛组从 5 个样地中随机选取 4 个（3 个用于团体赛、个人预赛，1 个用于个人决赛），并在每个样地内设置固定数量的样木。

3. 参赛选手顺次抵达待测样木，选择合适位置，目测样木胸径、高度，并用二元立木材积表查定该样木的立木材积，将该样木调查结果记录在答题表上的对应位置。

4. 答题时，目测胸径采用单径级整化，目测树高精度为 0.1 米，按照二元立木材积表查定树木蓄积，结果保留 4 位小数。

（二）天然林抚育模拟施工项目竞赛方法

1. 赛场海拔 240 米左右，坡向西北，坡度 8°～10°，坡位中、下。林况为天然次生林，林龄 35～40 年，主要树种为蒙古栎、椴树等，郁闭度 0.7～0.9，胸径 13～16 厘米，树高 13 米左右，80～90 株/亩，6～10 立方米/亩。

2. 竞赛前由竞赛组从 5 个样地中随机选取 4 个（3 个用于团体赛、个人预赛，1 个用于个人决赛），每个样地大小为 40 米×50 米。

3. 参赛选手根据天然林抚育模拟施工试卷要求，首先确定目标树，在答题表上填写树木编号；其次，选择采伐木，在答题表上对应树号右侧画○即可。

4. 答题时，目测胸径采用单径级整化，以一元立木材积表估算树木蓄积。

（三）理论知识考试方法

同常规闭卷笔试方法。

（四）分组和竞赛顺序

1. 个人预赛、团体赛分组。个人预赛按照同省份不同组的原则将所有选手分成 3 组，每组选手分成两区分别参加天然林抚育模拟施工和天然林林分调查项目，每区选手分 3 队，每队多名选手同时进行竞赛，两个项目交叉进行。每组取两项竞赛加权总成绩前 10 名的选手晋级个人决赛。团体赛不再单独进行，依据各代表队个人预赛成绩确定团体赛成绩。

2. 个人决赛分组。将所有选手分成两区分别参加天然林抚育模拟施工和天然林林分调查项目，每区选手分 3 队，每队多名选手同时进行竞赛，两个项目交叉进行。

3. 竞赛顺序。报名结束后，组委会依据各代表队报名表，将所有参赛队员名单录入到计算机中。竞赛前，工作人员在裁判组的监督下，采用电脑随机编码方式，通过点击电脑键盘产生随机竞赛顺序表，表中有选手名字、组别、队别、参赛号，选手依此顺次参赛。

三、竞赛评分

（一）天然林林分调查项目评分

1. 评分依据：《森林资源规划设计调查技术规程》（GB/T 26424—2010）等。

2. 评分方法：选手到达调查地点准备就绪后，由裁判员发令开始计时。选手完成竞赛后，举手示意计时员停表。裁判组根据评分标准（见竞赛用表1）对选手的天然林林分调查结果评分。

3. 竞赛时间：预赛限时 20 分钟，决赛限时 15 分钟。

4. 竞赛分值：单株立木测定分值为 100 分，其中目测胸径 30 分，目测树高 45 分，查定蓄积 25 分（见竞赛用表1）。最终得分为各单株立木测定分的平均值。

（二）天然林抚育模拟施工项目评分

1. 评分依据：国家林业局《森林抚育作业设计规定》（林造发〔2014〕140 号）、《森林抚育规程》（GB/T 15781）等。

2. 评分方法：选手到达竞赛标准地准备就绪后，裁判员发令开始计时。选手完成竞赛后，举手示意计时员停表。裁判组根据评分标准（见竞赛用表2）对选手的天然林抚育模拟施工结果评分。

3. 竞赛时间：预赛限时 20 分钟，决赛限时 15 分钟。

4. 竞赛分值：总分 100 分，其中结构控制 10 分，质量控制 46 分，采伐控制 40 分，信息对称 4 分（见竞赛用表2）。

（三）理论知识考试评分

1. 评分依据：《造林更新工》等国家职业技能标准。

2. 考试时间：限时 60 分钟。

3. 考试分值：总分 100 分，其中选择题 50 分，判断题 30 分，简答题 20 分。

（四）成绩评定

1. 采取过程评价和结果评价相结合的方式，由裁判组组织统一评分。

2. 团体成绩为代表队 3 名队员个人预赛成绩之和，成绩相同情况下，用时短者排名优先。

3. 个人预赛成绩评定：个人预赛成绩 = 天然林抚育模拟施工成绩 × 0.7 + 天然林林分调查成绩 × 0.3。成绩相同情况下，用时短者排名优先。

4. 个人决赛成绩评定：个人决赛成绩 = 天然林抚育模拟施工成绩 × 0.6 + 天然林林分调查成绩 × 0.2 + 理论知识考试成绩 × 0.2。成绩相同情况下，用时短者排名优先。

四、赛场纪律

（一）下列情况给予警告

1. 参赛选手擅自出入预备区，但未造成后果者。

2. 在裁判员未发令抢先开始者。

3. 求助他人和接受他人帮助者。

4. 竞赛过程中交头接耳者。

（二）下列情况判成绩无效

1. 冒名顶替参加竞赛者。

2. 在规定时间内未完成竞赛。

3. 不上交测量登记表者。

4. 不填写记录表表头者。

5. 不佩戴组委会提供的号码布者。

（三）下列情况取消竞赛资格

1. 弄虚作假者。

2. 妨碍他人者。

3. 破坏点标等竞赛设施者。

4. 携带手机等与竞赛无关物品进入竞赛场地者。

（四）其他处理

1. 参赛选手途中因伤病不能坚持完成竞赛时，以退赛论处。退赛后应尽快就近向裁判员报告。

2. 出发前参赛选手因故退赛，领队应向裁判组说明情况。

五、入场设计

（一）团体赛、个人预赛

分 3 组 6 区 18 队入场。

1. 分 3 组

编码为 A 组、B 组、C 组，分别对应团体赛、个人预赛现场的 A 组赛场、B 组赛场、C 组赛场。

2. 分 6 区

编码为 AF 区、AD 区、BF 区、BD 区、CF 区、CD 区，分别对应 A 组赛场抚育区、A 组赛场调查区、B 组赛场抚育区、B 组赛场调查区、C 组赛场抚育区、C 组赛场调查区。

3. 分 18 队

以全程比赛 3 轮次规划，选手对应参赛号码见下表。

参赛号码 组区 轮次	A 组		B 组		C 组	
	AF 区	AD 区	BF 区	BD 区	CF 区	CD 区
I	AF01－06	AD01－06	BF01－06	BD01－06	CF01－06	CD01－06
II	AF07－12	AD07－12	BF07－12	BD07－12	CF07－12	BF06－12
III	AF13－18	AD13－18	BF13－18	BD13－18	CF13－18	CD11－18

（二）个人决赛

分 1 组 2 区 6 队入场。

1. 分 1 组

编码为 F 组，对应个人决赛现场 F 组赛场。

2. 分 2 区

编码为 FF 区、FD 区，分别对应 F 组赛场抚育区、F 组赛场调查区。

3. 分 6 队

以全程比赛 3 轮次计算，选手对应参赛号码见下表。

参赛号码 组区 轮次	F 组	
	FF 区	FD 区
I	FF01－05	FD01－05
II	FF06－10	FD06－10
III	FF11－15	FD11－15

入场设计按 36 个代表队测算，正式比赛时视实际代表队个数再作相应调整。

六、日程安排

日期	时间		竞赛内容
7月14日	上午		代表报到
	下午	15：00 – 17：00	熟悉场地
	晚上	20：00 – 21：00	预备会
7月15日	上午	8：30 – 9：30	开幕式
	下午	9：40 – 12：00	技能操作预赛
	晚上	13：00 – 18：00	技能操作决赛
		20：00 – 21：00	理论知识考试
7月16日	上午	8：00 – 9：00	公示成绩
		9：00 – 12：00	闭幕式

七、竞赛用表

（一）天然林林分调查评分标准

表1　调查评分表

评比项目	分值	评分标准
目测胸径	30	根据参赛选手对单株立木胸径测定后的相对误差绝对值评定得分。得分 = 30 × （1 – 相对误差绝对值）
目测树高	45	根据参赛选手对单株立木树高测定后的相对误差绝对值评定得分。得分 = 45 × （1 – 相对误差绝对值）
查定蓄积	25	根据参赛选手对单株立木查定材积后的相对误差绝对值评定得分。得分 = 25 × （1 – 相对误差绝对值）
合计	100	

注：（1）单株立木测定满分为100分。

（2）单株误差范围超过 ±100％ 的，单株评比项目不得分。

（3）选手此项最终得分为各单株立木测定分的平均值。

计算公式说明：

相对误差绝对值 = ｜（参赛选手测定值 – 组委会测定值）/组委会测定值｜

（二）天然林抚育模拟施工评分标准

表2　施工评分标准

评比项目		分值	评分标准
结构控制	树种组成	10	根据参赛选手选择的保留木各树种组成与组委会设计的各树种组成绝对差值计算得分。 第1树种种类不相符，扣5分；成数绝对差值每相差±1成，扣2分。第2树种种类不相符，扣3分；成数绝对差值每相差±1成，扣1分。其他树种种类不相符，扣1分；成数绝对差值每相差±1成，扣0.5分。扣完为止
质量控制	目标树选择	15	根据参赛选手按照组委会要求的目标树选择原则完成的目标树准确率计算得分。 得分＝15×目标树准确率
	才伐木选择	8	根据参赛选手按照组委会要求的必伐木选择原则完成的必伐木准确率计算得分。 得分＝8×必伐木准确率
	伐后胸径	10	根据参赛选手采伐木选择后的保留木平均胸径与组委会设计的保留木平均胸径相对误差值计算得分。 允许误差±1%。超出允许范围0～±5%（含5%）的，每相差±1%扣2分；超过±5%（不含5%）的，不得分
	伐后密度	8	根据参赛选手采伐木选择后的保留木密度与组委会设计的保留木密度绝对差值计算得分。 允许误差±1株/亩。超出允许范围，每相差±1株扣2分，扣完为止
质量控制	均匀度	5	根据参赛选手采伐木选择后的保留木分区标准偏差与组委会设计的保留木分区标准偏差具体值及相对误差绝对值评定得分。 低于组委会设计值，不扣分；高出，视相对误差绝对值计算得分。 得分＝5×（1－相对误差绝对值）
采伐控制	株数强度	15	根据参赛选手选择的采伐木株数强度与组委会设计的采伐木株数强度的绝对差值计算得分。 每相差±1%，扣2分，扣完为止
	蓄积强度	25	根据参赛选手选择的采伐木蓄积强度与组委会设计的采伐木蓄积强度的相对误差值计算得分。 误差超过＋5%（不含＋5%）为0分；误差在＋5%（含＋5%）内，每超＋1%，扣1分；误差在－5%（含－5%）内，每超－1%扣0.5分；误差超过－5%（不含－5%），每超－1%扣1分；扣完为止

（续表）

评比项目		分值	评分标准
信息对称	采伐一致性	2	根据参赛选手选择的采伐木对象与组委会设计的采伐木对象完全一致率计算得分。 得分＝2×采伐木一致率
	保留一致性	2	根据参赛选手选择的保留木对象与组委会设计的保留木对象完全一致率计算得分。 得分＝2×保留木一致率
合计		100	

计算公式说明：

绝对差值＝参赛选手比赛值－组委会设计值

相对误差值＝（参赛选手比赛值－组委会设计值）/组委会设计值（×100%）

相对误差绝对值＝｜（参赛选手比赛值－组委会设计值）/组委会设计值｜

准确率＝参赛选手目标树（必伐木）正确株数/组委会设计值（×100%）

采伐木一致率＝参赛选手选择的采伐木对象与组委会设计相一致的株数/组委会设计值（×100%）

保留木一致率＝参赛选手选择的保留木对象与组委会设计相一致的株数/组委会设计值（×100%）

（三）答题卡样式

1. 天然林林分调查答题卡样式。

队次：　　　　　编码：　　　　　姓名：　　　　　用时：

树号	胸径（厘米）	树高（米）	二元立木材积（立方米）

裁判员：　　　　　　　　裁判长：

温馨提示：

（1）字迹工整，有助评分。

（2）胸径结果保留整数。

（3）树高结果保留 1 位小数

（4）立木材积结果保留 2 位小数。

2．天然林抚育模拟施工答题卡样式

队次：　　　　编码：　　　　姓名：　　　　用时：

确定目标树		选择采伐木						
		103	152	192	226	265	300	345
		105	155	195	228	267	302	378
		110	157	196	230	269	303	396
		112	158	197	231	270	305	405
		115	160	199	234	271	307	441
		117	163	200	238	272	309	420
		119	164	201	239	276	310	426
		121	165	203	241	278	311	
		125	167	205	244	279	312	
		126	169	206	246	281	315	
		128	171	208	248	282	316	
		130	173	210	249	286	318	
		135	176	211	250	288	320	
		136	178	213	251	289	321	
		137	180	215	253	290	325	
		139	181	217	255	291	326	
		142	185	219	258	292	328	
		146	187	220	259	294	329	
		147	189	221	261	296	332	
		149	191	225	262	299	333	

裁判员：　　　　　裁判长：

温馨提示：

（1）字迹工整，有助评分。

（2）选定目标树后将对应树号填入"确定目标树"表格区域内。

（3）选定采伐木后在"选择采伐木"表格区域内的对应树号右侧画 O，修改消除时 O 内打 ×。

（四）一元立木材积表样式

蒙古栎		椴树		水曲柳	
胸径（cm）	立木材积（m³）	胸径（cm）	立木材积（m³）	胸径（cm）	立木材积（m³）
4	0.0052	4	0.0050	4	0.0048
5	0.0085	5	0.0082	5	0.0078
6	0.0127	6	0.0123	6	0.0118
7	0.0179	7	0.0174	7	0.0168
8	0.0240	8	0.0234	8	0.0228
9	0.0312	9	0.0306	9	0.0301
10	0.0394	10	0.0387	10	0.0385
11	0.0487	11	0.0480	11	0.0483
12	0.0591	12	0.0585	12	0.0594
13	0.0706	13	0.0702	13	0.0719
14	0.0834	14	0.0831	14	0.0860
15	0.0973	15	0.0973	15	0.1015
16	0.1124	16	0.1127	16	0.1187
17	0.1287	17	0.1295	17	0.1375
18	0.1463	18	0.1476	18	0.1578
19	0.1652	19	0.1672	19	0.1799
20	0.1854	20	0.1878	20	0.2038
21	0.2068	21	0.2102	21	0.2294
22	0.2296	22	0.2337	22	0.2569
23	0.2537	23	0.2589	23	0.2861
24	0.2791	24	0.2853	24	0.3171
25	0.3060	25	0.3133	25	0.3502
26	0.3342	26	0.3424	26	0.3849
27	0.3638	27	0.3734	27	0.4215
28	0.3948	28	0.4052	28	0.4601

（五）二元立木材积表样式

胸径/cm 立木材积/m³ 树高/m	4	5	6	7	8	9	10	11	12	13	14
6.0	0.0045	0.0069	0.0097	0.0129	0.0166	0.0207	0.0253	0.0302	0.0356	0.0414	0.0476
6.1	0.0046	0.0070	0.0098	0.0131	0.0169	0.0210	0.0256	0.0307	0.0361	0.0420	0.0483
6.2	0.0046	0.0071	0.0100	0.0133	0.0171	0.0214	0.0260	0.0312	0.0367	0.0427	0.0490
6.3	0.0047	0.0072	0.0101	0.0135	0.0174	0.0217	0.0264	0.0316	0.0373	0.0433	0.0498
6.4	0.0048	0.0073	0.0103	0.0137	0.0176	0.0220	0.0268	0.0321	0.0378	0.0440	0.0505
6.5	0.0049	0.0074	0.0104	0.0139	0.0179	0.0223	0.0272	0.0326	0.0384	0.0446	0.0513
6.6	0.0049	0.0075	0.0106	0.0141	0.0182	0.0227	0.0276	0.0331	0.0389	0.0453	0.0520
6.7	0.0050	0.0076	0.0107	0.0143	0.0184	0.0230	0.0280	0.0335	0.0395	0.0459	0.0528
6.8	0.0051	0.0077	0.0109	0.0145	0.0187	0.0233	0.0284	0.0340	0.0400	0.0466	0.0535
6.9	0.0051	0.0078	0.0110	0.0147	0.0189	0.0236	0.0288	0.0345	0.0406	0.0472	0.0543
7.0	0.0052	0.0079	0.0112	0.0149	0.0192	0.0240	0.0292	0.0349	0.0412	0.0478	0.0550
7.1	0.0053	0.0080	0.0113	0.0151	0.0195	0.0243	0.0296	0.0354	0.0417	0.0485	0.0557
7.2	0.0054	0.0081	0.0115	0.0153	0.0197	0.0246	0.0300	0.0359	0.0423	0.0491	0.0565
7.3	0.0054	0.0083	0.0116	0.0155	0.0200	0.0249	0.0304	0.0364	0.0428	0.0498	0.0572
7.4	0.0055	0.0084	0.0118	0.0157	0.0202	0.0252	0.0308	0.0368	0.0434	0.0504	0.0580

八、理论知识考试模拟试卷

2015 年中国技能大赛——全国国有林场职业技能竞赛

模拟试卷

注意事项：

1. 考试时间：60 分钟。

2. 请首先按要求在试卷的标封处填写姓名、身份证号和所在单位的名称。

3. 请仔细阅读各种题目的回答要求，在规定的位置填写您的答案。

4. 不要在试卷上乱写乱画，不要在标封区填写无关的内容。

一、单项选择题（只有一个正确的答案，将相应的字母填入括号中）

1. 树木韧皮部的作用是（　　　）。

A. 往上运输有机物质　　　　　　　　B. 往下运输有机物质

C. 往上运输矿质元素　　　　　　　　D. 以上都不是

2. 土壤有机质影响（　　　）。

A. 土壤剖面厚度　　　　　　　　　B. 土壤质地

C. 土壤结构　　　　　　　　　　　D. 土壤肥力

3. 土壤温度必须降到（　　）时才会发生冻结。

A. 0℃以下　　　　　　　　　　　B. －10℃以下

C. －5℃以下　　　　　　　　　　D. 0℃以上

4. 对植物生存起决定作用的环境因子叫（　　　）。

A. 生态因子　　　　　　　　　　　B. 主导因子

C. 生活因子　　　　　　　　　　　D. 限制因子

5. 相互作用的双方都得利或至少不受害的关系称为（　　　）。

A. 共生关系　　　　　　　　　　　B. 互利共生

C. 偏利共生　　　　　　　　　　　D. 对抗关系

6. 林木分化的原因是（　　　）。

A. 竞争　　　　　　　　　　　　　B. 土壤贫瘠

C. 光照不同　　　　　　　　　　　D. 气候

7. 林分改造的目的是（　　　）。

A. 改良树种　　　　　　　　　　　B. 改良土壤

C. 改善环境　　　　　　　　　　　D. 优质高产

8. 土壤养分的基本来源是（　　　）。

A. 大气降水　　　　　　　　　　　B. 尘埃

C. 矿物岩石　　　　　　　　　　　D. 生物因素

9. 一定地段上，一定植物种类有规律的组合称为（　　　）。

A. 植物种群　　　　　　　　　　　B. 植物群落

C. 植被　　　　　　　　　　　　　D. 生态系统

10. 分级最复杂的林分是（　　　）。

A. 多树种的混交林　　　　　　　　B. 复层林

C. 常绿林　　　　　　　　　　　　D. 山地森林

11. 森林中枯落物构成"林褥"都积累在（　　　）。

A. 表面　　　　　　　　　　　　　B. 淋溶层

C. 淀积层　　　　　　　　　　　　D. 母质层

12. 旗形树是由于（　　　）的作用。

A. 风　　　　　　　　　　　　　　B. 树种特性

C. 雨　　　　　　　　　　　　　　　D. 病虫害

13. 树木的耐阴性主要是（　　）决定的。

A. 年龄　　　　　　　　　　　　　　B. 遗传性

C. 起源　　　　　　　　　　　　　　D. 胸径

14. 森林抚育的中心环节是（　　）。

A. 人工整枝　　　　　　　　　　　　B. 抚育采伐

C. 林地管理　　　　　　　　　　　　D. 清理作业

15. 森林抚育的目的是（　　）。

A. 调整树种组成与林分密度　　　　　B. 平衡土壤养分与水分循环

C. 改善林木生长发育的生态条件　　　D. 以上皆是

16. 伐除无培育前途的林木，加速保留木的直径生长的采伐叫做（　　）。

A. 透光伐　　　　　　　　　　　　　B. 疏伐

C. 生长伐　　　　　　　　　　　　　D. 卫生伐

17. 夜间地面得不到太阳辐射，地面辐射也随之（　　）。

A. 增强　　　　　　　　　　　　　　B. 减弱

C. 消失　　　　　　　　　　　　　　D. 和白天一样

18. 培育高产大径材，造林密度要（　　）。

A. 适当密植　　　　　　　　　　　　B. 很小

C. 适当小些　　　　　　　　　　　　D. 大

19. 生长伐后郁闭度不低于（　　）。

A. 0.8　　　　　　　　　　　　　　B. 0.7

C. 0.6　　　　　　　　　　　　　　D. 0.5

20. 森林抚育检查验收的主要内容不包括（　　）。

A. 检查抚育作业面积　　　　　　　　B. 检查抚育作业质量

C. 检查作业设计质量　　　　　　　　D. 检查作业场地安全隐患

21. 立地分类的最小单元是（　　）。

A. 森林立地　　　　　　　　　　　　B. 立地条件

C. 立地环境　　　　　　　　　　　　D. 立地类型

22. 通常把疏伐与生长伐合称为（　　）。

A. 透光伐　　　　　　　　　　　　　B. 生长伐

C. 疏伐　　　　　　　　　　　　　　D. 除伐

23. 在林木疏伐方法中，如果主要考虑林木的间隔距离，则采取（　　　）。

　　A. 上层疏伐法　　　　　　　　　B. 下层疏伐法

　　C. 综合疏伐法　　　　　　　　　D. 机械疏伐法

24. 在标准地调查中，对用材树划分标准为用材部分长度占树高（　　　）以上。

　　A. 30%　　　　　　　　　　　　B. 20%

　　C. 40%　　　　　　　　　　　　D. 50%

25. 我国最大的暗针叶林区在（　　　）。

　　A. 内蒙古　　　　　　　　　　　B. 中国台湾

　　C. 东北　　　　　　　　　　　　D. 西南高山林区

26. 抚育采伐能得到一定量的木材，这（　　　）。

　　A. 是培育森林的目的　　　　　　B. 是不一定能得到的

　　C. 是对森林有害的　　　　　　　D. 不是间伐的目的

27. 间伐中最先砍伐的林木是（　　　）。

　　A. 病害木　　　　　　　　　　　B. 虫害木

　　C. 站杆　　　　　　　　　　　　D. 分叉木

28. 林木修枝是为了培育（　　　）。

　　A. 直径　　　　　　　　　　　　B. 高大

　　C. 丰产林　　　　　　　　　　　D. 干材

29. 同样蓄积的间伐林比不间伐林价值高，因为（　）。

　　A. 大径材多了　　　　　　　　　B. 大径材少了

　　C. 高不同了　　　　　　　　　　D. 单株材积大了

30. 鸟兽害严重的造林方式是（　　　）。

　　A. 植苗造林　　　　　　　　　　B. 播种造林

　　C. 扦插造林　　　　　　　　　　D. 埋根造林

31. 生长抚育和疏伐是（　　　）。

　　A. 很不一样的　　　　　　　　　B. 两回事

　　C. 一回事　　　　　　　　　　　D. 在我国是一回事

32. 森林公园、风景林间伐是为了（　　　）。

　　A. 树木高大　　　　　　　　　　B. 树木通直

　　C. 多结果　　　　　　　　　　　D. 创造景观

33. 透光抚育是保证目的树种（　　）。

A. 无病　　　　　　　　　　　　B. 增高

C. 不受压　　　　　　　　　　　D. 增粗

34. 机械疏伐不适用在（　　）。

A. 人工林　　　　　　　　　　　B. 天然林

C. 人工幼林　　　　　　　　　　D. 幼龄林

35. 间伐林分要求郁闭度高的是（　　）。

A. 天然幼林　　　　　　　　　　B. 人工幼龄林

C. 次生林　　　　　　　　　　　D. 阔叶林

36. 抚育间伐最好的季节是（　　）。

A. 休眠期　　　　　　　　　　　B. 生长季

C. 夏季　　　　　　　　　　　　D. 5～6 月

37. 封山育林的理论依据是（　　）。

A. 植被次生演替　　　　　　　　B. 植被进展演替

C. 环境学说　　　　　　　　　　D. 生态系统

38. 间伐保证了优良木生长，因为（　　）。

A. 去掉了无益竞争　　　　　　　B. 去掉了竞争

C. 稀了　　　　　　　　　　　　D. 留好的

39. 森林自己繁殖新苗的现象叫做（　　）。

A. 自然植被　　　　　　　　　　B. 天然更新

C. 薪炭林　　　　　　　　　　　D. 萌生林

40. 造林密度需要大一些的是（　　）。

A. 用材林　　　　　　　　　　　B. 防护林

C. 森林公园　　　　　　　　　　D. 薪炭林

41. 划分复层林条件之一是平均高差（　　）。

A. ＞10%　　　　　　　　　　　B. ＞30%

C. ＞40%　　　　　　　　　　　D. ≥20%

二、判断题（将判断结果填入括号中。正确的填"√"，错误的填"×"）

（　　）42. 土壤中的毛管水存于毛细管孔隙中，植物基本无法利用。

（　　）43. 空气相对湿度的日变化与气温的日变化相同。

（　　）44. 幼苗较耐阴，随年龄的增长耐阴程度降低。

（　　）45. 林木自然整枝是林内光照不足引起的。

（　　）46. 引水灌溉的时机为早春树液流动前和干旱季节。

（　　）47. 国防林、环境保护林只实行卫生伐。

（　　）48. 林木的枝下高较高是由于林木密集生长，林下缺光的结果。

（　　）49. 土壤发生层是土壤在漫长的形成过程中依次形成的连续层次。

（　　）50. 森林蒸腾耗水，所以林地地表比无林处干燥。

（　　）51. 土壤有机质是土壤肥力的重要组成部分，它的多少标志着土壤肥力的高低。

（　　）52. 幼龄林阶段修枝的高度不超过树高的1/2。

（　　）53. 常绿阔叶树种一般生长在高纬度地区。

（　　）54. 目的树种受到非目的树种、灌木、杂草压制时应采取卫生伐。

（　　）55. 生命活动旺盛的器官或组织，呼吸作用强，如茎尖端的呼吸比茎部强，形成层比韧皮部强。

（　　）56. 以优势林木的平均树冠投影面积可计算合理保留株数。

（　　）57. 合理地确定样地面积是苗木调查的关键。

（　　）58. 林木冠幅愈大，所占据的营养、生长空间较大，则胸径愈大。

（　　）59. 经过人工整枝的树种，其枝条切口愈合能力不同，阔叶树比针叶树愈合速度快。

三、简答题

60. 简述自然条件下，林分在生长过程中密度的变化规律？

61. 简述抚育采伐的种类？

62. 简述抚育间伐调查设计包括的主要内容？

63. 合理确定整枝高度需要考虑哪些因素？

64. 影响间伐强度的因素有哪些？

65. 什么叫林分蓄积量？其测定方法包括哪几大类？

国 家 林 业 局 办 公 室
中国农林水利工会全国委员会 文件

办场字〔2016〕24 号

国家林业局办公室 中国农林水利工会全国委员会
关于 2015 年中国技能大赛——全国国有林场
职业技能竞赛获奖名单的通报

各省、自治区、直辖市林业厅（局）、林业工会，内蒙古、吉林、龙江、大兴安岭森工（林业）集团公司，新疆生产建设兵团林业局，中国林业科学研究院：

2015 年 7 月 14～16 日，国家林业局、中国就业培训技术指导中心和中国农林水利工会全国委员会在黑龙江省宾县万人欢林场联合举办了 2015 年中国技能大赛——全国国有林场职业技能竞赛，共有来自 27 个省（自治区、直辖市）32 个代表队的 96 名选手参加了竞赛活动。在竞赛中，参赛选手表现出了精益求精、志争一流的竞技精神，经过激烈角逐，赵鑫等 15 名选手分别获得一、二、三等奖，张振峰等 15 名选手获得个人优秀奖，黑龙江省林业厅等 10 个代表队分别获得团体一、二、三等奖，北京市园林绿化局等 12 个代表队获得优秀组织奖，内蒙古自治区林业厅等 11 个代表队获得精神风尚奖（获奖情况详见附件）。

希望获奖单位和个人发扬成绩，再接再厉，努力发挥榜样的示范和引领作用，在生态建设中再创佳绩。国有林场广大干部职工要主动向获奖者学习，刻苦钻研，努力创新，不断提高森林经营技能水平，为国有林场改革发展提供坚实的素质支撑。各有关单位要认真贯彻落实中发〔2015〕6 号文件精神，广泛开展技能培训、技能竞赛等多种形式的能力建设，积极落实劳模、技术拔尖人才各种政策待遇，加快实施《关于国有林场岗位设置管理的指导意见》等改革配套政策，切实营造良好的人才发展环境，着力促进高技能人才不断涌现、队伍结构逐步优化，为全面开创国有林场改革发展新局面、建设生态文明和美丽中国贡献更大力量。

特此通报。

附件：2015 年中国技能大赛——全国国有林场职业技能竞赛获奖名单

国家林业局办公室　　　　　　　　　中国农林水利工会全国委员会

2015 年 8 月 20 日

附 件

2015 年中国技能大赛——全国国有林场职业
技能竞赛获奖名单

个 人 奖

一等奖（1 名）

赵　鑫　黑龙江省尚志国有林场管理局小九林场

二等奖（2 名）

陆秀建　中国吉林森林工业集团有限责任公司红石林业局

刘思阳　黑龙江省尚志国有林场管理局小九林场

三筹奖（12 名）

安林海　中国龙江森林工业（集团）总公司亚布力林业局红旗林场

尹清林　大兴安岭林业集团公司松岭林业局

花成友　山东省淄博市鲁山林场

杨大均　四川省洪雅县林场

何开成　重庆市璧山区东风林场

王国军　大兴安岭林业集团公司松岭林业局

范国华　河北省隆化县茅荆坝林场

汪开君　四川省洪雅县林场

王进强　海南省霸王岭林业局

马绍林　黑龙江省尚志国有林场管理局苇河林场

王海江　河北省隆化县旧屯林场

孙二文　山西省黑茶山国有林管理局中寨林场

优秀奖（15 名）

张振峰　中国龙江森林工业（集团）总公司大海林林业局青云山林场

吴珠富　安徽省东至县香口林场

王忠恕　中国内蒙古森林工业集团有限责任公司大杨树林业局

邱园月　安徽省东至县金寺山林场

张露华　江西省永丰县官山林场

吴继勇　浙江省开化县林场

周小强　甘肃省小陇山林业实验局

王华玺　宁夏回族自治区六盘山国家级自然保护区管理局

陈军军　山西省黑茶山国有林管理局城庄沟林场

张雨平　福建省福安蟾溪国有林场

王虎林　陕西省宝鸡市陈仓区国有冯家河林场

薛希亭　山东省淄博市鲁山林场

张永海　内蒙古自治区南木林业局

曹　波　贵州省扎佐林场

白银明　河北省隆化县南阳林场

团 体 奖

一等奖（1个）

黑龙江省林业厅

二等奖（3个）

安徽省林业厅

山东省林业厅

河北省林业厅

三等奖（6个）

中国内蒙古森林工业集团有限责任公司

中国龙江森林工业（集团）总公司

大兴安岭林业集团公司

四川省林业厅

浙江省林业厅

山西省林业厅

优秀组织奖（12个）

北京市园林绿化局

山西省林业厅

辽宁省林业厅

吉林省林业厅

河南省林业厅

湖南省林业厅

广西壮族自治区林业厅

海南省林业厅

重庆市林业局

陕西省林业厅

新疆维吾尔自治区林业厅

中国吉林森林工业集团有限责任公司

精神风尚奖（11个）

内蒙古自治区林业厅

上海市林业局

福建省林业厅

江西省林业厅

湖北省林业厅

广东省林业厅

贵州省林业厅

云南省林业厅

甘肃省林业厅

宁夏回族自治区林业厅

中国林业科学研究院

附录9　国有林场思想政治工作演讲大赛实施方案、获奖通报

"高峰杯"国有林场思想政治工作演讲大赛实施细则

一、演讲主题

此次演讲大赛主题为"我与国有林场"。

二、大赛组委会

本次大赛由中国林业职工思想政治工作研究会国有林场分会联合中国绿色时报社共同主办，广西国有高峰林场承办。组委会下设办公室、评委会保障组，具体人员和分工如下：

1. 办公室：负责编制大赛实施方案；协调、落实、检查与大赛相关各项目的执行情况；大赛组委会的日常管理工作。

主　任：王建子　中国林业职工思想政治工作研究会会长

副主任：柳维河　中国绿色时报社社长

　　　　张耀恒　国家林业局场圃总站总工程师、政研会国有林场分会副会长

成　员：欧国平　国家林业局场圃总站国有林场森林资源资产监管处处长、政研会国有林场分会副会长兼秘书长

　　　　孙建博　山东省淄博市原山林场党委书记、政研会国有林场分会常务副会长

　　　　田　湘　广西国有高峰林场党委书记、政研会国有林场分会副会长

2. 评委会：负责赛场纪律、打分、评判、汇总等工作。

主　任：王建子　中国林业职工思想政治工作研究会会长

副主任：柳维河　中国绿色时报社社长

　　　　张耀恒　中国林场协会秘书长、政研会国有林场分会副会长

成　员：张永阳　广西民族大学播音专家委员会专家、特聘教授、广西艺术学院特聘教授

　　　　刘泽英　中国林业杂志社编辑部、政研会国有林场分会理事

伍贤旭　广西自治区林业厅林场处副处长

3. 保障组：负责大赛后勤保障、安全保卫、赛场秩序维护等。

组　长：褟俊卿　广西国有高峰林场党委专职副书记、工会主席、政研
　　　　　会国有林场分会副秘书长

成　员：张静　国家林业局场圃总站国有林场改革处主任科员、政研会
　　　　　国有林场分会理事
　　　　　梁世欣　中国林场协会秘书

三、比赛规则

1. 比赛方式

单人出赛，可配背景音乐、图片、幻灯片等。决赛阶段选手演讲结束后，评委可对参赛选手的综合表现进行点评。

2. 出场顺序

预赛按抽签顺序出场。决赛出场顺序按照预赛成绩倒序排列。

3. 演讲命题及用时

预赛选手按大赛主题自行命题，每位选手演讲限时 6 分钟。

决赛选手现场抽取选题方向，自拟题目即兴演讲，准备时间 10 分钟（决赛的第一位出场的选手 21 日早 7 点 50 分抽取选题方向）。每位选手演讲限时 8 分钟。

选题方向：

（1）成长故事。主要讲述林场人成长中的感人故事。

（2）管理心得。主要讲述林场管理的心得体会，可用第一人称直接讲述。

（3）改革创新。结合实际谈改革创新中的新思路、新理念、新事例、新成效。

（4）林场美景。讲述林场的美丽景观、美丽风尚。

4. 评分标准

满分 100 分。其中演讲内容 50 分、语言表达 30 分、形象风度 10 分、综合印象 10 分。

（1）演讲内容（50 分）：要求格调积极向上，选材具有典型性、代表性，客观真实、观点鲜明、主题突出、内容充实、结构完整、逻辑严谨、条理清楚、生动形象、说服力强。

（2）语言表达（30分）：要求脱稿演讲，使用普通话，语言规范、吐字清晰、语速适当、声音洪亮、表达自然流畅、激情昂扬，讲究演讲技巧，有感染力，动作恰当，语气、语调、音量、节奏张弛符合思想感情的起伏变化，能熟练表达所演讲的内容。

（3）形象风度（10分）：精神饱满，能较好运用姿态、动作、手势、表情、表述，对演讲稿有较好的理解。

（4）综合印象（10分）：要求着装大方得体、举止从容、精神饱满，上下场致意，答谢。

5. 计分办法

大赛计分采用截尾平均数算法，即去掉一个最高分去掉一个最低分取平均值，精确到小数点后两位，若出现同分，则精确到小数点后3位，依此类推。

每位选手演讲完毕后评委打分，待下一名选手演讲完毕后宣布上一名选手的得分。

比赛超时将在总分基础上扣3分，距离比赛结束1分钟时有提示。

6. 其他注意事项

演讲结束后，将演讲稿配5~8张相关图片，以电子版形式交大赛工作人员。

中国林业职工思想政治工作研究会国有林场分会

关于"高峰杯""我与国有林场"国有林场
思想政治工作演讲大赛获奖结果的通报

为深入贯彻中央6号文件精神，提高国有林场思想政治工作水平，充分发挥思想政治工作在国有林场改革发展中的支撑保障作用，根据2015年工作安排，10月20～21日中国林业职工思想政治工作研究会国有林场分会与中国绿色时报社在广西南宁联合主办了"高峰杯""我与国有林场"国有林场思想政治工作演讲大赛。大赛共收到全国来自19家单位的28名参赛选手的报名，经过一天半紧张激烈的角逐，大赛共评选出特等奖1名、一等奖5名、二等奖6名，三等奖8名、优秀奖8名。现将获奖名单通报如下。

希望各位获奖选手，再接再厉，不断提高自身素质水平，提升国有林场职工形象，为国有林场改革创造良好的社会舆论环境，为推动国有林场改革发展贡献更大力量。

附件："高峰杯""我与国有林场"国有林场思想政治工作演讲大赛获奖名单

中国林业职工思想政治工作研究会国有林场分会

2015 年 11 月 16 日

附件:

"高峰杯""我与国有林场"国有林场思想政治工作
演讲大赛获奖名单

特等奖（1名）

马青清　广西国有高峰林场

一等奖（5名）

韦　健　广西国有高峰林场

魏路吉　河北省塞罕坝机械林场

刘　睿　山西省吉县红旗林场

宋莹莹　山东省淄博市原山林场

郑晓红　甘肃省国营合永林业总场大山门林场

二等奖（6名）

吴雪银　河北省塞罕坝机械林场

陈绍松　贵州省龙里林场

欧阳超　江西省明月山林场

刘胜梦　贵州省扎佐林场

李　婷　贵州省龙里林场

包　晗　广西南宁树木园

三等奖（8名）

刘　慧　广西南宁树木园

张　欣　四川省洪雅县林场

杜　鑫　四川省洪雅县林场

武　江　山西省五台山国有林管理局

江堂龙　广东省龙眼洞林场

陈　娜　云南森林自然中心

薛欢欢　河南省西峡县黑烟镇林场

刘　宁　山东省日照市国有大沙洼林场

优秀奖（8 名）

贾丽娜　贵州省扎佐林场

何小琴　重庆市南川区林木良种场

柴伟丽　山西省五台山国有林管理局

陈　薇　广东省西江林业局

朱倩倩　浙江省雨水市白云山生态林场

代海鸥　重庆市彭水县茂云山林场

蔡　宁　重庆市南川区林木良种场

王炳权　河南省西峡县黑烟镇林场

附录10 《中国绿色时报》"全国十佳林场"专版

破冰探索，争做国有林场改革的先行者
——聚焦 2014 年度国有林场创新发展的"标杆"

2015 年 2 月，备受关注的林改"顶层方案"出炉，中共中央、国务院印发了《国有林场改革方案》和《国有林区改革指导意见》，把加快推进国有林场、国有林区改革上升为"国家行动"，国有林场改革的号角正式吹响。

变荒原为林海、让沙漠成绿洲，曾经这样的"绿色奇迹"发生在我国 4800 多家国有林场。如今，面对国有林场和国有林区管理体制不顺、经营机制僵化、投入渠道不畅、经济发展困难、基础设施落后、民生问题突出的发展顽疾，不少林场走在了全国 4800 多家国有林场的前列，拿出了"誓让荒山披绿装"的豪言壮志，书写了国有林场创新发展的新篇章。

2014 年，有 24 家林场在全国 4800 多家国有林场中脱颖而出。面对发展困局，他们不等不靠，从机制破冰、从体制转轨、向管理要成效、向职工要口碑，实现了国有林场的涅槃重生、跨越发展，成为国有林场改革的先行者。

今天，我们梳理总结出这 24 家"全国十佳林场"改革发展的典型事迹，希望通过这些改革"标杆"的典型示范带动作用，振奋国有林场干部职工破冰改革的斗志，鼓舞国有林场开拓创新的士气，为国有林场改革的稳步推进加油打气，为确保森林资源持续增长、民生持续改善添柴加薪，为建设生态文明、美丽中国做出新的更大贡献！

1. 北京市十三陵林场："场园一体"为首都"披绿"

作为首都园林绿化的窗口单位，北京市十三陵林场始终坚守为首都"披绿"的信念不动摇，以"场园一体、基础强场"的总体发展思路为指导，展示出新时期首都园林绿化"窗口"的新面貌。

近年来，十三陵林场瞄准生态建设的靶心，在森林培育和管护方面不断加大资金投入，通过引进近自然森林经营和森林健康的理念，借力修枝、灌溉、定株、间伐以及林分改造等举措，有效改善了林木生长条件和林分质量，地区生态环境显著提升。2013 年，十三陵林场植树 32.5 万株，在护林防火通

讯网络系统、巡护监测系统、林火阻隔系统、预测预报系统和林火扑救系统的联合护航下，实现了多年无火警无火灾的良好记录，为首都生态环境增添了"绿"的保障。

生态是产业发展的基础，产业发展可以反哺生态建设。为了推进产业体系发展，林场积极扩大苗木培育面积，承担了 2008 年奥运会公路自行车赛昌平区西辅路景观整治工程第一标段、京包高速公路部分路段的园林绿化工作，林场获得"全国质量信得过种苗基地""首都绿化美化先进单位"等荣誉称号。

2. 河北省张家口市塞北林场：股份造林创造"绿色奇迹"

昔日的风沙口变成了如今的绿色长城，仅仅用了 15 年时间，河北省张家口市塞北林场创造了常人无法想象的"绿色奇迹"。老一辈塞北林场人头发白了，可张家口附近的山头绿了，天蓝了，水清了，一张满怀憧憬的绿色生态蓝图在塞北林场人的手里逐渐变成了现实。

1998 年，面临风沙逼近北京城的生态窘境，塞北林场临危受命，承担起"再建三个塞罕坝林场"的项目，誓还青山碧水。在水土流失严重、自然环境极为恶劣的河北北部坝头沿线，塞北林场人一任接着一任干，一张蓝图绘到底，使一坡又一坡荒山得到了绿化，一沟又一沟河川得到了治理。15 年来，塞北林场累计完成人工造林 7.7 万公顷，封山育林 2.1 万公顷，森林资源生态价值高达 200 多亿元。

向风沙宣战，塞北林场人的勇气和魄力不言而喻，面临的困难和阻力可想而知。塞北林场项目区多为农民的放牧区，禁牧困难重重。经过反复实践，塞北林场逐渐形成了塞北林场投资、分场管理、乡镇政府协调、农民以土地入股的"1∶2∶2.5"的股份造林机制，将最大利益让给农民，激发农民参与造林的积极性。在 7.68 万公顷人工造林任务中，股份林地占到了 83.6%，林场股东达 3.1 万户，造林还同时促进了当地劳务、运输、养殖等相关产业的崛起和发展，昔日的荒山如今变成了农民的绿色财源。

3. 山西省吉县国营红旗林场："七业"让民生旗帜更加鲜红

森林面积净增 696 公顷，活立木蓄积量净增 4.5 万立方米，森林覆盖率增加 5.5%，对于只有 88 名职工的山西省吉县国营红旗林场来说，能够交出这样的生态答卷着实不易。

生态答卷可圈可点，民生答卷如何作答？红旗林场选择以发展"七业"

为突破口，不等不靠，充分发挥自身优势，向民生建设发起攻坚战。

吉县属于国家级贫困县，地方财政对林业建设的投入十分有限，面对亟待解决的民生问题，是坐等还是实干？红旗林场毅然选择了后者。

在充分调研论证的基础上，红旗林场提出了实施以种苗业、养殖业、苹果业、烤烟业、旅游业、服务业、劳务业为主要内容的"七业"战略，不断壮大林场经济实力，提高职工收入。以劳务业为例，红旗林场组建了具有Ⅰ、Ⅱ级资质的造林专业队和绿化有限公司，先后到乡宁、吉县、曲沃、河津、太原等地承揽造林绿化工程 30 多处，累计创收 1523 万元。通过发展"七业"，林场职工工资从 2008 年的 2.1 万元提高到 2013 年的 3.36 万元；职工人均劳动福利待遇由 2008 年的 200 元攀升到 2013 年的 2000 元，职工幸福指数大大提高。

随着林场民生工程的深入推进，职工的办公居住条件得到了极大改善，"民生工程"办成了职工的"民心工程"，林场的民生旗帜愈加鲜红夺目。

4. 吉林省拉法山国家森林公园：森林旅游的"拉法山 style（模式）"

长白山西麓、松花湖畔，吉林省拉法山国家森林公园静待游客驾临，探秘森林之美。自 1995 年成立以来，拉法山国家森林公园以培养健康、稳定、高效的森林生态系统为目标，坚持积极有效保护、科学合理有序利用的经营方针，积极发展森林旅游产业，创出了一条独具特色的森林旅游"拉法山模式（style）"。

过去，拉法山国家森林公园的经营主体为林业企业，尽管形成了一定的建设规模，取得了一定的经济效益，但面对复杂多变的市场，森林公园应变能力差的弊端日益凸显。为了破解发展的瓶颈问题，拉法山国家森林公园从改革经营管理体制入手，借鉴和学习先进企业经验，组建了由林业职工为发起人，注册资金超亿元的吉林省拉法山国家森林公园股份有限公司，实现了公司化管理，为森林公园森林生态旅游业的可持续发展打下了坚实基础。

在不断的探索实践中，拉法山国家森林公园的知名度、美誉度不断提升。自 2010 年以来，公园共接待游客 60 余万人次，旅游收入超过 4000 万元；已连续举办了 12 届中国·吉林长白山红叶旅游节，打响了"长白山红叶"品牌。2006 年，公园所属旅游景区被国家旅游局授予"国家 AAAA 级旅游风景区"。2012 年，公园被国家林业局评为"中国最具影响力的森林公园"。

5. 黑龙江省哈尔滨市山河实验林场：双管齐下定制"富民方略"

面对职工收入低、基础设施薄弱的窘境，黑龙江省哈尔滨市山河实验林场迎难而上，在抓好生态建设的同时，着力发展相关产业，双管齐下定制"富民方略"。

近年来，山河实验林场以"建生态、兴产业、富林农"为目标，形成了以森林经营培育为基础，野生动物养殖、种植、种苗绿化和森林旅游全面发展的经济新格局，走上了综合性、生态型经营的发展道路，开创了林场环境优良、经济发展、区域和谐的繁荣局面。

对山河实验林场来说，"建生态、兴产业"已不仅仅是目标口号，更是一桩桩一件件脚踏实地的改革发展之举。如今，熊产业、蛙产业、苗木产业、林下经济产业在山河实验林场无一不发展得如火如荼。

山河实验林场（熊类实验场）是我国林业系统唯一一家综合性熊类养殖基地，熊存栏总数 100 头；林场林蛙养殖面积 0.8 万公顷，2013 年回捕商品蛙 20 万只，实现产值 200 余万元。多年来，山河实验林场累计为哈尔滨城乡供应绿化苗木 50 万株，实现销售收入 200 多万元。2013 年，林场当之无愧荣获"黑龙江省四星级林场"荣誉称号，并连续 8 年被黑龙江省林业厅评为"伐区经营作业先进单位"。

6. 江苏省苏州市吴中区林场：锐意改革探索"四型"林业体系

"森林防火先进单位""绿色江苏建设先进单位""江苏省林木种苗工作先进单位"，荣誉光环之下，江苏省苏州市吴中区林场锐意改革，探索"四型"林业体系，始终保持着良好的发展势头。

近年来，吴中区林场积极打造"平安森林""健康森林""美丽森林"和"活力森林"，初步形成了优质高效、功能多样、物种丰富、林产业充满活力的"四型"现代林业体系。

2003 年改制以来，吴中区林场所辖林区实现了连续 8 年无较大森林火灾发生的佳绩。2012 年，全国森林防火工作座谈会在吴中区召开，充分肯定了吴中区创建"平安森林"的新理念。吴中区林场积极与南京林业大学、上海园林科研所等科研院所合作，利用省级林木种苗良种繁育示范基地，大力引进种植培育乡土树种，为林场逐步推进"健康森林"储备丰富优质的林木种苗资源。

在"美丽森林"建设过程中，吴中区林场大力实施"彩叶工程"等森林景观质量提升工程，通过适地适树的途径设计模拟顶级群落，营造四季鲜明、错落有致的森林景观。通过多年努力，吴中区林场初步完成了近 30 公顷林、果、茶间种示范基地和 6 公顷优质猕猴桃示范基地建设，规模化效应初显，释放出森林的无限活力。

7. 浙江省丽水市白云山生态林场：破冰改革变"输血"为"造血"

浙江省丽水市白云山生态林场是浙江省最早建设的 4 家国有林场之一。该场不仅是浙江省资历最深的国有林场，也是最早进行破冰改革，变"输血"为"造血"的国有林场。

白云山生态林场坚持"以林为本、生态优先、综合开发、可持续发展"的办场方针，以深化改革为动力，以转型发展为重点，逐步理顺经营管理体制，挖掘生态服务潜力，在推进生态建设、融入城市发展、保障生态安全、改善林区民生等方面发挥了积极而重要的作用。

2006 年，白云山生态林场根据林场基础薄弱、效益低下、经营困难、职工无保障的状况，启动林场改革，增强林场造血功能，以单位定性、职能转变、职工安置、资金支持为改革关键点，探索林场可持续发展新路。通过改革，白云山生态林场定性为公益性国有林场，并将发展目标由"解决职工基本保障"向"培育森林资源，提高森林质量，提供生态产品，建设生态屏障"转变，林场由发展"砍树经济"向"看树经济"方向转变。

通过大刀阔斧的改革，林场在属性界定、功能定位、职能转变、人员资金等方面取得了明显成效，走出了困境，甩开了包袱，迈出了可持续发展的实质性一步。林场森林蓄积量从 2008 年的 23.4 万立方米提高到目前的 28.3 万立方米。2013 年，林场职工平均工资达 6.91 万元。

8. 安徽省国营沙河集林业总场：产业提质念好"特"字诀

"人无我有、人优我特"，在产业提质发展过程中，安徽省国营沙河集林业总场始终坚持这 8 字原则，念好"特"字诀，通过发展以绿化苗木为主导的林业产业，将国有林场改革推向纵深。

建场以来，总场始终把经营、保护和合理利用森林资源放在首位，积极探索将资源优势转化为经济优势。

在发展中，总场遵循可持续发展战略，以市场为导向，整合资源、科学规划，加速推进优质桂花基地建设，桂花年产值 500 万元以上，以桂花为主的绿化苗木产业已成为林场发展新的经济增长点。总场还积极建设皇甫山国家级森林公园，使之逐步成为林场林业产业体系的有力支撑。

生物农药产业是沙河集林业总场极具竞争力的优势产业，其主要产品白僵菌高孢粉质量国内领先，年产量超过 5000 千克，折合防治林木有害生物面积 3 万公顷以上，在满足本场需要的基础上，产品远销辽宁、山东、重庆等 10 多个省市。为了更好地利用林地资源，沙河集林业总场将目光瞄准了林下空间，积极发展林下种植业、林下养殖业，林下种植花生、西瓜、中药材 300 公顷，养殖鸡、鸭、鹅等家禽 8 万多只，林场职工和周边林农年收益超过 500 万元。

9. 福建省尤溪国有林场：以林为主彰显生态本色

国有林场发展何为重？生态建设为重。福建省尤溪国有林场坚持"以林为主"的办场方针，始终把生态建设作为工作的重中之重，通过采用科学营林等手段，不断提升林分质量，绿色生态培育势头强劲。

尤溪国有林场以科学经营为理念，实现了"造一片活一片、活一片成一片"的良好效果。林场每年造林 300 多公顷，抚育幼林 1500 多公顷，约占三明市国有林场营造林任务的 1/5。在进行生态建设的同时，林场十分重视科技对生态的贡献率，积极推行造林应用保水剂、生物菌肥沾根、不炼山造林、化学控草、科学抚育等先进技术，并通过引进先进的计算机监控系统，率先在福建省国有林场实现了科技管护森林资源，林分质量不断提升。

近 3 年来，尤溪国有林场建设生态林 1200 公顷、国家木材战略储备林 900 公顷；完成森林抚育 0.3 万公顷、幼林抚育 0.5 万公顷，营造速生丰产林基地 0.3 万公顷、大径材基地 1380 公顷、林木良种基地 150 公顷、珍贵树种基地 120 公顷；每年提供林木良种 3300 千克、木材 2.5 万立方米；先后荣获了"全国林木良种基地先进单位""全国国有林场 500 强""100 佳单位"等多项荣誉称号。

10. 江西省井冈山市林场："红色摇篮"孕育"绿色宝库"

井冈山，是蜚声中外的"红色摇篮"，也是世人口中赞叹的"绿色宝库"。江西省井冈山市林场紧扣井冈山"红绿"资源交相辉映的优势，不断探索做大、做强、做优的路子，林场各项事业取得了新的突破性发展。

井冈山的优势在生态，潜力也在生态。井冈山市林场始终遵循"采育结合、永续利用"的原则，进一步加大营林生产和资源保护力度，不断扩大森林面积。近年来，林场完成杉木速丰林造林 1380 公顷、珍贵树种造林 276 公顷、幼林抚育 0.4 万公顷、森林抚育 0.2 万公顷、毛竹林培育 756 公顷、杉木大径材培育基地 0.2 万公顷；林场的森林资源总蓄积量从 67 万立方米增加到 89 万立方米，森林资源不断增长的同时，森林资源的内涵也得到了显著提升。

森林资源优势是井冈山市林场发展绿色产业的基础。依托优势资源，林场内聚力量，外拓空间，抢抓机遇，逐步走上了以森林为依托，以涉旅涉农产业为突破的多元化经营道路。林场充分利用 0.2 万公顷次生阔叶林和毛竹林资源优势，拓展了林菜、林畜、林药等涉农产业，建成了"无公害森林蔬菜基地"和"立体生态种养基地"360 公顷，孕育出职工致富的"绿色宝库"。

11. 山东省蒙山旅游区国有天麻林场：营造林释放发展后劲

加强森林资源培育和保护，走可持续发展道路始终是山东省蒙山旅游区国有天麻林场激发发展后劲的有力举措。天麻林场在"以营林为基础，以森林资源保护为中心，以实现森林资源持续增长和生态、社会、经济效益有效增长为目标"的思想引领下，狠抓营造林，释放林场活力，激发林场发展后劲。

森林资源的培育和保护工作，是林场的基础性工作。通过森林抚育，林场的森林资源数量、质量明显提高，大径材活立木数量大幅度提升。截至 2014 年，林场完成森林抚育 1560 公顷、特种林木后备资源培育面积 200 公顷；共计造林 13.3 公顷，栽植苗木 30 多万株，为国家林业局及山东省林业厅开展基础科学研究提供了参照样本和资料数据。

近两年来，天麻林场借助市级造林专项资金，发动林场职工及周边村居栽植黑松、刺槐共计 20 万株，栽植黄栌等绿化苗木 10 万株，初步实现了"四季常青、三季有花、两季有果"的绿化目标，确保栽一棵，活一棵，成材一棵，形成了一道亮丽风景线，推动造林工作再上新台阶。

12. 河南省国营尉氏县林场：坚守生态优先的战略主题

从过去的 10 万株林木增加到现在的 120 万株林木，森林蓄积量由原来的不足 1 万立方米增加到现在的 15 万立方米，河南省国营尉氏县林场用一片片连绵的绿色递交了一份生态答卷，坚守着"以林为本、生态优先"的战略主题。

尉氏县林场以科学发展观为指导，把国家政策和本场实际相结合，积极实施生态建设工程。20 世纪末，林场林木不足 10 万株，且生长不良，为小老树，蓄积量不足 1 万立方米。进入 21 世纪以来，尉氏县林场狠抓植树造林不放松，2000 年起年均植树 10 万株，且成活率高，生长好，林木蓄积量年增长

1.5 万立方米，林木资产达 1 亿多元。

林木生长重在管护，尉氏县林场投资近 50 万元购置林业生产和病虫害防治机械，到各林区进行抚育和病虫害防治作业。由于成绩突出，林场被认定为"国家木材战略储备生产示范基地""河南省乡土树种培育基地""河南省速生丰产林生产基地"。

经过近 10 年的拼搏，尉氏县林场各项事业蓬勃发展，职工福利待遇大幅提高，现林场年收入达 2000 多万元，职工年收入 4 万~5 万元。

13. 湖北省武汉市四股平林场：创新机制播绿生"金"

湖北省武穴市四股平林场有着自己改革发展的"独门秘籍"，在森林资源提质方面，四股平林场创新机制，播绿生"金"，交出了一份森林资源增量提质的漂亮答卷。

依托技术抓育林。四股平林场利用争取到的林业重点工程项目，因地制宜采取带状配置、复层林配置等多种造林模式，推广机械整地、混交造林等先进技术，新增人工林 360 公顷，人工造林持续保持成活率 95% 以上，使昔日的荒山秃岭变成了郁郁葱葱、高产优质的丰产林。

聚合力量抓经营。林场结合经营面积有限而周边村组宜林荒山较多的实际，充分发挥林场的技术优势和经营优势，采取租赁经营、合作造林、入股共建等多种经营模式，先后营造湿地松、油茶等造林基地 1500 公顷，同时创新发展"场村合作共建"造林模式，深受广大林农信赖。

林场生产总值由 2005 年的 160 万元增加到 2013 年的 1600 万元。2014 年，职工人均年收入突破 3.5 万元。林场先后获得湖北省"森林防火先进单位""经济目标综合考核先进单位""旅游先进单位""文明单位"等荣誉称号。

14. 广东省茂名市国营新田林场：职工"双增"经济生态"双赢"

广东省茂名市国营新田林场，是茂名市东北部绿色生态屏障，承担着区域水源涵养保护和林场经济发展的双重责任。新田林场大胆改革创新，积极探索林场经济与森林生态保护和谐发展模式，实现了职工收入、幸福指数"双增"，生态效益、经济效益"双赢"的良好局面。

高州水库是茂名市人民群众生活和生产的主要水源。九成以上林地处于高州水库集雨区范围的新田林场，自然资源和生态状况好坏，直接关系到高州水库水土保持、水源涵养和清洁水质，关系到茂名地区的生态安全，影响举足轻重。一直以来，新田林场在发展林业经济上，优先发展高州水库集雨区生态公益林，维护好库区生态平衡，建立起完备的生态安全体系。

面对林场发展困境，新一届领导班子立足场情，将工作重心转移到林种结构调整及发展林下经济上，积极实施林场经济扩张战略。近年来，林场发展油茶种植示范基地132公顷，发展林下种植金花茶18公顷、金线莲30公顷，取得了十分可观的经济效益。2014年职工人均工资达5万元。林场先后获得"茂名市森林防火先进单位""造林绿化先进单位""林业生态保护先进集体"等荣誉。

15. 广西壮族自治区国有六万林场：转型瞄准"科研型林场"

"科技是第一生产力"，这句话对国有林场转型发展来说同样适用。广西壮族自治区国有六万林场始终把创新摆在发展全局的核心位置，强化技术创新，提高场属企业创新能力，积极创建"科研型林场"。

"科研型林场"是六万林场提出的全新概念，如何提高林场整体科研能力，以"技"取胜？六万林场制定了"三步走"战略。

第一步，大力开展科技合作。通过与各高校和科研单位开展科技合作，提高林场自身科研能力。林场开展了森林"四个多样性"研究、组培技术研究、八角优良品系及高效栽培技术研究等研究项目，全部科研成果转化率达100%。

第二步，提升企业科研能力。加强场属企业的产品研发能力，加大集装箱胶合板、天然饮用山泉水产品的研发投入，天然饮用山泉水、松香等产品的生产核心技术。

第三步，积极打造名优品牌。实施八角、集装箱胶合板、天然饮用山泉水、木材等系列产品的品牌战略，开展六万山林业有限公司集装箱胶合板的各项认证、"六万山泉"牌天然饮用山泉水的质量认证、"六万山"牌大红八角标准化认证等工作。

16. 重庆市南川区林木良种场：立足资源壮大场办产业

金佛山下，凤江两岸，重庆市南川区林木良种场狠抓森林资源的保护培育，立足资源优势发展林业产业，实现了场管林地山清水秀，林场持续健康发展，职工生产生活条件有效改善。2013年，林场经营经济收入900万元，职工人均收入4万元。

南川区林木良种场充分利用自身优势发展林业产业和林场经济，促进了经济结构调整，相关林业产业对林场经济贡献率不断提高，尤其是利用林场资源条件开发生态旅游产业，取得了不俗的成绩。林场在山王坪林区建设云岭森林公园，并不断提高公园的服务能力和宣传力度，公园年接待游客达 1.2 万多人次，实现收入 150 多万元。

在发展木材经济方面，南川区林木良种场大力培植森工企业，切实加强对木材销售工作的管理；广开木材进材渠道，在抓好本场抚育间伐材、受灾木材、商品材收集的前提下，确保森工企业有可供木材，提升森工企业效益。林场木材综合利用实现年收入均在 400 万元之上。

养殖业和种植业是南川区林木良种场新的经济增长点，林场逐步引进了南江黄羊等品种，在山王坪林区养殖。目前，山王坪管护站仍养殖有南江黄羊 300 多头。同时依托森林工程，利用技术上和土地上的优势培育绿化苗木。2009 年，林场实现苗木收入 50 多万元。

17. 四川省南江县大坝国有林场：生态旅游解困"独木经济"

从砍树人到栽树人和护林人，四川省南江县大坝国有林场职工的角色悄然改变。然而林场职工主要依靠采伐林木和以木材为原料的林产品加工过日子，"一木支撑"的单一林场经济，却让大坝国有林场陷入发展困局。

要改变依靠采伐林木和以木材为原料的林产品加工过日子的局面，必须寻求林场发展突破口。2001 年以来，大坝国有林场立足现状，充分发挥得天独厚的森林生态旅游资源优势和森林旅游品牌优势，积极探索森林景观资源向生态旅游资源转变，运用市场机制把森林生态旅游业作为林业产业中最具活力和最具发展潜力的新兴产业来抓。

大坝国有林场在抓好生态旅游产业发展的同时，按照生态文明建设的要求，积极推行现代管理模式，加大森林资源管护力度，促进产业发展转型，鼓励职工大力发展养殖业、种植业和服务业，不断提高职工和林农经济收入和福利水平，加速推进林场由粗放经营向集约经营转变，由传统管理向现代管理转变，努力构建和谐文明的社会主义新林区。林场先后被评为"全省绿化先进集体""省级天然林保护先进集体""市级文明单位""市级创建卫生城市先进单位""护林防火先进集体"及连续 8 年被评为年度林业工作第一名。

18. 贵州省毕节市拱拢坪国有林场：百花齐放树林场新形象

早在 2008 年，贵州省毕节市率先在全省启动了国有林场改革，毕节市七星关区拱拢坪国有林场自 2009 年 1 月起施行事业单位全额管理，此举在当时的贵州省乃至全国均属首创。

作为第一个吃螃蟹的人，拱拢坪林场在以林为主、多种经营、齐头并进的发展思路指导下，林场各项事业呈现出百花齐放的良好态势，林场在社会上的知名度、美誉度不断攀升。

近年来，林场利用自身的生态资源优势，逐步提升了对外形象，多渠道、多形式加大对外宣传推介力度，得到社会广泛的认可。2005 年 12 月林场申报并成立了以拱拢坪为主景区的毕节国家森林公园，2008 年成功举办毕节国家森林公园开园庆典活动。2009 年、2010 年、2011 年毕节市委、市政府在拱拢坪景区连续 3 年成功举办乌蒙生态旅游文化节，并开展森林笔会、森林大寻宝、生态一日游等一系列生态教育活动。2012 年贵州省旅游发展大会在拱拢坪景区举办了大型乌蒙生态少数民族演唱会，并把拱拢坪景区纳入主会场。

拱拢坪林场的发展成果有目共睹，荣誉也纷至沓来。2010 年林场获"贵州省抗旱救灾和森林防火工作集体一等功"，同年获得毕节市国防办授予的"国防教育拓展基地"；2011 年获得毕节市林业局"2010 年度林业工作成绩突出一等奖"，同年拱拢坪景区被评为国家 AAA 级旅游景区。

19. 云南省丘北县冲头林场：大笔如椽绘就绿色崛起

如何实现做大做强做优国有林场的目标？近年来，云南省丘北县冲头林场频现大动作，森林培育与产业发展双管齐下为林场"绿色崛起"这盘大棋排兵布阵。

冲头林场坚持生态效益、经济效益和社会效益相统一的原则，把生态环境建设摆在突出位置，切实保护好现有森林资源，加大森林资源的培植力度，生态环境得到了大大改善。林场全面实施以小班为经营单位，落实宜抚则抚、宜择则择、宜改则改、宜造则造、宜封则封"五宜原则"的综合抚育采伐技术，提高了林地生产力。多年来，林场共完成公益林建设 0.5 万公顷、退耕还林 276 公顷、中幼林抚育 1380 公顷；完成生态经济兼用林建设 654 公顷，年收入达 350 万元；完成采种基地建设 540 公顷、中心苗圃 4.8 公顷，苗圃每年可产苗木 270 多万株。

冲头林场始终把培育好、保护好森林资源当作林场工作的第一要务，在林种结构上不断进行优化，在保持云南松、杉木等主营品种占大比重的基础上，积极营造西南桦、毛竹、桉树、云南红杉等速生丰产林，发展经济果木林。按照"抓龙头、建基地、上规模、促效益"的发展产业思路，林场以森林资源为依托，对原有经营项目进行重新整合，现如今苗圃建设、乡土树种采种基地、林下养殖业、经济林果等项目初具产业规模，林场年均增收 80 多万元。

20. 陕西省骊山风景林场管理处：文化为生态旅游产业"着色"

骊山是我国古今驰名的历史文化名山，其自然景观秀丽、人文古迹众多。如何将其得天独厚的旅游资源转化为经济资源，陕西省骊山风景林场管理处从景区实际出发，以前瞻的眼光、准确的定位，从树立精品意识、弘扬历史文化的角度入手，使景区建设步入了科学规划、规范运作、持续发展的轨道。

骊山风景林场管理处自成立以来，经过多年的发展建设，已迈入了一个发展新征程。"打造人文骊山、构建和谐景区"是骊山景区建设的总体目标，管理处创造性地提出了"让人文景观和自然景观更加和谐"的景观质量目标，全力打造"洁净骊山""诚信骊山""和谐骊山"。2013 年，林场旅游创收由 2010 年的 2100 万元攀升至 5200 万元，旅游创收的不断提升为林场的发展奠定了坚实的经济基础。

骊山风景林场管理处栽植苗木、花卉 200 多万株，绿化面积 180 多公顷，累计育苗 20 多个品种 30 多万株。2002 年，林场管理处被国家旅游局评定为国家 AAAA 级旅游景区，2011 年被评为"中国百强景区""最有投资潜力景区"，2012 年林场获得了"陕西省文明单位""陕西省文明森林公园""陕西省平安示范景区"等荣誉称号。

21. 甘肃省天水市水陇山林业实验局百花林场：科学育林为良好生态点赞

昔日的荒山灌丛变成了郁郁葱葱的人工林，"青山常在、永续利用"这 8 个字在甘肃省天水市小陇山林业实验局百花林场得以淋漓尽致的体现。科学育林，百花林场为良好生态点赞。

自建场以来，百花林场始终坚持"营林为本、生态优先、合理利用、持续发展"的办场方针，全场职工发扬"艰苦创业，顽强拼搏，开拓创新，求实奋进"的小陇山精神。经过几代林场人的不懈努力，森林资源总量持续增长，林分质量不断提高，基础设施日趋完善，各项事业得到了全面发展。

百花林场坚持以可持续经营理论为指导，通过分类经营、科学培育、合理保护和利用森林资源，提高森林资源质量，增强林地生产力和森林生态系统的整体功能。林场建立了封禁养护生态保护、封山育林自然恢复、宜林地荒山造林人工恢复、人工促进天然更新修复、抚育间伐人工干扰、低质低效林改造重建、林分择伐经营利用、珍稀珍贵树种保育恢复等 8 个经营管理示范模式，培育森林 780 公顷，为开展森林可持续经营做了有益的探索。

近年来，百花林场累计完成公益林人工造林 1500 公顷、封山育林 2460 公顷；为林区及周边地区提供商品材 40 万立方米、优质造林绿化苗木 3000 多万株，活立木总蓄积量净增 81.3 万立方米。2009 年百花林场被国家林业局列为全国首批 104 个森林经营示范林场之一。

22. 青海省玛可河林业局："以林为根" 保护与培育并重

作为青海省内长江上游大渡河源头面积最大、分布最集中、海拔最高的一片天然原始林区，青海省玛可河林区是维护大渡河源头流域生态安全的重要屏障，其重要性不言而喻。显要的生态地位，促使玛可河林业局林业建设 "以林为根"，全力推进资源培育和保护工作，开创了资源快速恢复、林区安全稳定的良好局面。

青海省玛可河林业局以科学发展观为统领，以森林资源培育为中心，以森林资源保护为重点，林业建设取得了突出业绩，林区森林生态系统整体功能得到增强，维护了区域生态安全。至 "十一五" 末，全局累计完成林业重点工程人工造林 684 公顷，封山育林 3360 公顷，保护天然林 5.5 万公顷。"十二五" 建设以来，完成新育苗 2.37 公顷，出圃种苗 250 多万株；完成天保工程人工造林 103.3 公顷，封山育林 1333 公顷；完成公益林造林 200 公顷，中幼林抚育 0.6 万公顷；完成三江源生态保护和建设工程封山育林 0.5 万公顷。

玛可河林业局林区森林覆盖率由林业重点工程实施前的 50.2% 增加到 58.99%，森林蓄积量由 410 万立方米增长到 446 万立方米，区域生态环境得到迅速恢复，野生动植物种群数量快速增加。凭借突出的成绩，玛可河林业局先后荣获 "全国林政资源管理先进单位""青海省绿化工作先进单位""青海省天保工程一期先进集体" 等荣誉。

23. 宁夏回族自治区永宁县金沙林场：防沙治沙构筑生态屏障

"一年只有一场风，从春吹到冬""风吹沙尘满天飞" 曾是宁夏回族自治区永宁县金沙林场的真实写照，如今这样的景象一去不复返了。

进入 21 世纪以来，随着宁夏林业和生态建设的跨越式大发展，金沙林场大力推进防沙治沙植树造林事业。多年来，林场建设各类防风固沙林网 280 公顷、生态经济林 433 公顷，在银川市南部营造了一条南北长 5.5 千米，东西宽 3.8 千米的绿色屏障，森林覆盖率由原来不足 4% 提高到 49.4%，有效遏制了沙化土地的扩张，大方格宽幅防护林网格局逐渐形成，林地面积进一步扩大，森林覆盖率迅速提高，生态效益突显，生态环境明显改善，水源涵养能力进一步提高，生态林场效果显著。

金沙林场新建了 67 公顷林木种苗繁育基地，新上各类花卉种苗 2000 多万株，为林场进一步发展林业这个主导产业，充分发挥实验、示范、推广作用，打下了坚实的基础。林场着力发展的以葡萄为主的生态经济林，土地承包给职工个人经营后，职工人均纯收入由 2009 年的 2.4 万元增加到 2013 年的 4.8 万元，产值由原来的 70 万元猛增到 2013 年的 1000 万元以上。林场先后获得"全国质量信得过苗圃""自治区防沙治沙示范基地""贺兰山东麓十大优秀葡萄园""宁夏现代农业示范基地""宁夏科技葡萄示范园"等荣誉称号。

24. 新疆维吾尔自治区乌苏林场：产业发展"三效合一"

这里是新疆维吾尔自治区"文明风景旅游区""生态文明教育基地"，这里被新华网评为"最美中国·自然生态目的地景区"，这里就是新疆维吾尔自治区乌苏林场建设的乌苏佛山国家森林公园。

天然林保护工程实施以来，乌苏林场紧紧围绕天然林保护工程和公益林建设，努力把资源优势转化为经济优势，森林旅游业的蓬勃发展实现了生态效益、经济效益、社会效益的和谐统一。

近 10 年来，林场不断强化规范管理、依法经营力度，确立了对山区森林资源的依法管理权和依法行政权，也使合理开发利用森林资源有了根本保证，这在全疆林业系统都是少有的。林场通过招商引资、自筹资金、争取国家项目资金等方式，引资 1.6 亿元，不断加大旅游基础设施建设和旅游文化宣传工作力度。

乌苏佛山国家森林公园结合自身实际，确立了培育和发展"生态文化、花卉文化、地质文化、佛山石文化和佛学文化"的发展思路，大力宣传生态理念和林业法律法规以及森林旅游文化。近 3 年来，公园共接待游客 35 万多人次，旅游社会化收入达 7000 多万元。职工来自工资之外的收入，由 5 年前的人均 3000 多元，猛增到 2013 年的 1.5 万多元。当地农牧民也通过参与森林旅游，实现了增收致富。乌苏林场对促进当地社会稳定、经济繁荣等发挥了重要作用。

附录11　国有林场职工先进事迹和典型案例

1. 责任——记山东省淄博市原山林场党委书记孙建博

有些人，天生似乎就肩负着使命和担当精神。十二届全国人大代表、淄博市人大常委、原山林场党委书记孙建博就是其中的一个。

2013年，孙建博当选为十二届全国人大代表，开始了他的代表履职之路。面对这一新身份，他深知人大代表不仅是一份荣誉，更是一份沉甸甸的责任。"作为一名来自基层林场的代表，我要对得起群众的信任，认真写好每一份议案建议，把群众的心声传递出去。"孙建博这样定义人大代表这一神圣的称谓。20年来，他先后当过全国、省、市、区的人大代表，是淄博市为数不多的四级人大代表之一，并且每次都是以高票当选。他认为，作为一名人大代表最重要的不是参加会议，举举手，投投票，关键是平时在单位、地区和代表中的代言和履职，做好人民群众与各级人大组织之间的桥梁——这是当代表最起码的责任。

在前期调研、征求意见的基础上，今年全国"两会"期间孙建博把在基层调研时写出的42份议案、建议提交到了大会秘书处，这些建议、意见得到了有关部委的重视和支持。其中《关于将生态建设贯穿到工业化、城镇化、信息化、农业现代化的全过程》的议案，因建议内容研究性、宏观性强，涉及面广，被批转国务院发展研究中心等国家智库单位参阅，供其在工作中参考研究。《关于保障城市农民工带薪休假权利》的议案被评为"两会好声音"。

12月22日至28日，十二届全国人大常委会第十二次会议在北京人民大会堂举行，孙建博应邀列席会议，参加了19个议案的讨论，并有针对性的对其中7个议案发表意见和建议，在十二届全国人大常委会第十二次会议简报上刊登。

自淄博市启动人大代表"双联"工作以来，孙建博特别重视，在"双联"工作中扑下身子，积极出主意，想办法。多次召集博山区市级以上人大代表、部分企业负责人进行座谈，就如何改善金融服务环境、扶持中小企业发展、提振地方经济水平等展开热烈讨论，针对当前中小企业融资过程中的问题提出了5点建议。

为加快全国林业改革，充分发挥"思想库"和"智囊团"的职能作用，孙建博带着轮椅，辗转几千千米，深入安徽、内蒙古等大的国有林场，做了深度的调研，为下一步国有林场的改革发展提供了有益的借鉴。

针对博山区申报国家独立工矿区的问题，孙建博多次组织人大代表联名提出议案，在驻鲁全国人大代表调研中呼吁，并深入棚户区进行调研，最终形成了 5000 字的调研报告，亲自交到了全国人大联络局，不久该材料被列为第 9697 号建议，转到国家发改委，国家发改委进行了书面答复，博山区已经成功的被列入国家独立工矿区第二批重点实施范围。

"在其位，就要谋其政，作为一名人大代表，走在为民服务的路上是责任也是义务。"孙建博是这样说的，也是这样做的。一年的时间，他用实际行动抒写了"人大代表"这个熠熠闪光的称谓。

2. 贵州省印江县木黄镇高石坎林场护林队坚守大山护林 40 余年

贵州省印江县木黄镇高石坎林场护林队共 8 人，不求名利，不求回报，一生清贫如洗选择坚守林场 40 余年，他们以青山、绿树、星辰为伴，日复一日造绿、守绿、护绿，终将昔日光秃秃的山顶演变成如今纵横方圆 800 公顷的地方，造就了一片碧绿苍翠的林海，为国家创造了巨大的经济价值和生态价值。在中国的土地上画下重重的一抹绿色，用自己的平凡坚守，谱写了梵净山脚下人与自然和谐共生的绿色颂歌。2015 年 6 月，高石坎林场护林队荣登"中国好人榜"。

在贵州铜仁，每当回忆起和丈夫周宏权共同值守山林的岁月，罗运仙总会回望身后的树林。那是一段激情燃烧的岁月。那时周宏权担任高石坎林场场长，罗运仙担任女子突击队队长。一把铁锄、一顶斗笠、一个水杯就是职工的标配。有人来、有人走，又有人来、又有人走，全场职工换了一茬又一茬，唯有他们没有离开高石坎，持之以恒追逐心中的绿色之梦。

3. 太子山的"花木兰"——记湖北省太子山石龙林场场长刘红

在古代，花木兰因父病弟弱代父从军，为国建功立业，家喻户晓，彪留青史；在现代的湖北省太子山林场管理局，也有一位长女，家中无男丁，因父意外偏瘫，无力为建设美丽中国挥洒汗水而十分沮丧时，她毅然决然地承担了代父圆建"生态梦"的重担。她就是太子山林场管理局建立 58 年以来的第一位女场长——刘红。

刘红，现任湖北省太子山林管局石龙林场场长，大专学历，中国共产党党员。作为"林二代"，她爱岗敬业、求实创新、廉洁奉公，用自己的实际行动，向大家展示了巾帼不让须眉，岗位建功的新风采；她立足本职工作，脚踏实地、兢兢业业，凸显出现代女性的新业绩，为此，她多次被评为省林业厅优秀共产党员等20多个荣誉称号，在外人眼中，刘红同志身材纤弱，举止文雅，谁都不会想到她是一位作风干练，办事果断的"花木兰"。

（1）努力学习提高素质

作为林二代的她，尽管生活在偏远的大山中，交通不便，信息闭塞，在别的同学上完高中就能成为林场职工，上班拿工资的时候，她为了提高自身能力，增添妆扮山河锦绣的水平，自费到中南财经大学学习3年。毕业后，因能力出众，被时任太子山林管局局长彭芝芬看中，直接点名到承担太子山木材销售任务的材场工作，任主管会计。在材场工作期间，谦虚好学，钻研业务，努力干好本职工作，做到专业理论知识与实际生产相结合，严把财务关。因表现突出，能力超强，先后到局财务科、局团委、石龙林场担任领导。她始终认为："学习是增长才干，提高素质的重要途径，是干好工作的基础，每一位干部都要成为学习型干部"，她不仅这样说了，更是这样做了。在千头万绪的工作中从未放松要求。她总是利用多种载体学习党的路线、方针、政策，利用业余时间广泛学习管理方面和业务方面的书籍，提高自己的理论知识和决策水平。同时，她十分注重林场的干部队伍建设，经常利用调研、谈话和会议等形式培养林场干部的超前意识、责任意识、担当意识、大局意识，以适应林场发展的需要。注重职工队伍的建设，采用专家讲课、技术培训班、技能比赛等形式来提高职工队伍的素质。

（2）以身作则率先垂范

正当刘红为建设太子山贡献青春的时刻，亲爱的父亲偏瘫了！面对天文数字的医疗费用，看到父亲眼中的犹豫和彷徨，她明白，既有父亲为没有能力建设太子山露出的不服气，又有高额医疗费用拖累女儿们的痛苦。此时，因刘红能力出众，被企业老板看中，出高薪聘请她作财务总监，她作为低工资的上班族，面临两难的选择，她召集妹妹们开会，决定由她秉承父志，坚守林场，从事生态林业建设，代父圆建"生态梦"，两个妹夫做生意，全力筹措治疗父亲高额医疗费用。现在，父亲能拄着拐杖缓缓行走，姐妹3个家庭也都收获颇丰，刘红成了女标兵，两个妹夫都成了创业模范。

刘红调任石龙林场场长后，凡事以身作则，率先垂范。坚持自我净化，自我完善，认真贯彻落实廉政建设8项规定及省委6条意见中，并结合单位自身情况，制定了石龙林场财务管理、公车管理、办公设备管理等相关规章制度，严格执行廉政建设相关要求。作为单位一把手，刘红同志始终坚持民主集中制原则，注重班子成员团结、沟通和配合，坚持每周班子例会制度，对林场各项工作、大额资金使用等情况，充分交流意见，集体研究部署，最后做出科学决策。她和班子成员的共同努力，促进了林场各项事业的健康发展。

（3）求真务实履职尽责

1993年她的孩子刚满月，由于工作的原因，她不顾身体虚弱，毅然回到林场会计工作岗位，克服多年来留下严重的头痛病和身体虚弱的后遗症努力工作。2002年调到太子山林管局计财科任副科长，工作环境变了，工作压力更大了，为了更好地完成领导交办的工作，她坚持原则、作风干练，勤勤恳恳，吃苦耐劳，服从大局，认真做好本职工作，圆满完成领导安排的各项工作任务。2009年她带领林管局会计参加荆门市财政局举办的会计知识大赛，经过层层较量，她带领的太子山队获得团体二等奖；2011年她与财务科同志组成的太子山代表队，在全省林业系统的会计信息化大赛中获得团体一等奖和个人一等奖，赢得上级领导的一致好评。2014年4月，刘红同志服从组织安排调任石龙林场场长。到林场后，她一方面深入基层了解情况，一方面积极谋划林场的发展。为了让职工增收入、单位创效益，不辞劳苦，多方考察调研，她决定向土地要效益，带领职工产业转型。2014年7月石龙林场成立了太一养殖专业合作社，引导帮扶职工发展林下鸡、生态鱼、有机菜、本土猪，林场及周边林农现有50余人从事林下种养，当年人均年收入增加2万元。2015年初，为了集体增收、职工增加新的、更多的就业岗位，她带领全场干部职工集体会战，又新建了一个8.7公顷的树桩月季观光园，一方面为林管局旅游产业的发展带来新的亮点，另一方面为林场发展创造新的经济增长点。现在她又在做新的探索，咬定青山不放松，向森林要效益，积极筹建太子山森林生态食品有限责任公司。通过努力，太子山林管局被国家林业局认定为森林生态产品生产基地。刘红同志一心扑在工作上，想为集体所想，做为集体所做，为石龙林场的发展做出了较大的贡献。

（4）真情关怀与职工拥戴

在日常生活中，刘红同志心思细腻，为人谦和，办事缜密。以女性独有的温柔细心关心着职工的生活，她总是尽一切所能帮助职工解决困难。为了工作她加了多少班都无法统计，但她毫无怨言，从没有因为工作上的事情向组织上提出过任何要求，她用自己的实际行动在干部职工中建立起了同志间的真诚情感，取得了群众的充分理解和信任。

刘红，太子山的"花木兰"，用青春和汗水谱写了一曲建设太子山，荆楚绿湖北，美丽大中华的壮丽诗篇。

4. 护林30年，愿有后来者——记江西省武宁县生态林场护林员梅香福

早上6点，吃过早饭，梅香福开始一天的巡山。一顶竹帽，一只塑料袋，一双解放鞋，一身工作服，一把长柄砍刀，是他巡山护林的全部装备。

这样的装备和生活，梅香福固守了30年。

梅香福，今年50岁，是江西省武宁县生态林场长坪沟护林点护林员。

长坪沟护林点护林面积超过666公顷，是武宁县最大、最艰苦的护林点。护林点在杨洲乡境内，距离镇上10千米，距离生态林场分场17.5千米。2003年，这里通了乡村公路，2013年才通电，至今没有手机信号。

大山深处，一个几近原始的护林点，4间简易的平房，有梅香福的青春和记忆。

20世纪50年代，一大批安徽人移居武宁县，其中一部分成了林场的工人，这其中就有梅香福的父亲。1986年，当了27年林业工人的父亲因病去世。21岁的梅香福作为"林二代"，成为长坪沟护林点的护林工人。

那是一段热闹、快乐的时光。当时跟梅香福一起在护林点的还有11名工人，每天大家一起伐木、护林，有一份稳定体面的工作和一群同甘共苦的同事，辛苦被快乐冲得很淡。

这样的日子没有持续很久。从1994年开始，护林点的工人调走的调走、退休的退休、离岗的离岗，最终只剩下梅香福一个。护林员工作艰苦，工资又低，梅香福说："我也有过走的想法，但我走了树就没人管了"。在无奈和不舍之间，梅香福留了下来。

1987年，梅香福结婚，妻子唐木英也是在武宁县长大的安徽人。这一年，他们的第一个孩子出生了。为了照顾孩子，唐木英长期在安徽老家居住，直到2002年才回到武宁。

15年，长坪沟没有电、没有手机信号，夫妻俩的联系仅靠一封封书信，一去一回大概要一个月，几页纸上写着满满的思念和关心、工作和生活。

1998年，木材滞销，林场经常发不出工资，梅香福一家顿时失去了重要的经济来源。无奈之下，唐木英开始外出打工。11岁的儿子开始自己做饭、洗碗、洗衣服，还要照顾妹妹。儿子第二天要报名上学，前一天学费都还不知道在哪。"当时家里粮食什么的都是赊账的，苦了儿子、女儿。"唐木英回忆说。

　　长坪沟2003年通土路，2011年前后才通水泥路，20多年里与外界连接仅靠一条曲折的林间小道。每当暴雨、大雪封闭小道，油、盐、米都挑不进山，梅香福有过一天只能吃一顿饭的经历。长坪沟2013年才通电，以前照明一直用松柴、煤油灯。这里也没有电视和电话，山里人对外面的世界知之甚少。

　　知道的很少，也就少了些许诱惑。梅香福絮絮地说着往事，平静得像在讲别人的故事。

　　长坪沟没有手机信号，他就每半个月去对面山顶或者山下有信号的地方往家里打个电话。家里有急事找他，就联系山下的农民，请他们上山转告。

　　2004年，梅香福夫妻回家吊唁去世的叔叔，刚回到山里，却又得知在安庆读书的儿子得了急性阑尾炎，身边没有家属签字做手术。夫妻俩向场里借了3000元钱，连夜赶往医院。由于手术不及时，又没有家人照顾，儿子留下了后遗症。

　　这么苦的日子终究熬了过来。现在，儿女都已长大成人，在合肥有了工作。

　　"当时我真的很傻，日子这么苦，都不知道走，不知道和他离婚。"回首过去，唐木英说出这句半开玩笑半抱怨的话，心下早已释然。

　　长坪沟地处靖安、永修、武宁3县交界处，人文、地理环境复杂，护林责任重大，但由于位置偏远、交通闭塞，各方面设施都不完备。

　　梅香福每天巡山，查看有无火情、盗伐和虫害。20世纪八九十年代，村子里治安混乱，偷盗木材的情况时有发生，护林员和村民的关系很紧张。有一次，因为梅香福在路上堵截了村民偷盗的木材，村里一个组来了200多人将挑米上山的梅香福拦在山下殴打。梅香福说："当时村民穷，木材又值钱，你护林，就会被打。"从1994年开始情况好转，偷盗木材的现象少有发生，他的护林点至今没有发生一起火灾。

　　压力还是有，毕竟是守着666公顷林子，而且大多已成材。梅香福说，整天又怕火又怕盗，使得自己才50岁头发就白了大半。

　　2002年，梅香福的生活有了改善。唐木英带着55岁的父亲过来帮忙，一家人一起看护山林。女儿中考的时候，妻子和岳父回安徽照顾，过了一个多星期回到长坪沟。唐木英一进门吓了一跳，发着烧的梅香福躺在床上，手里抱着妻子走之前炒好的地瓜片哭，腿上烂了一个大口子，伤口已化脓。这才离开一个多星期，之前他多年一个人的日子，可是怎么过的？唐木英想到鼻子发酸。

"我们这一辈子什么都没顾到，就看着林子一天天、一年年长大。除了逢年过节回家外，一年四季都在长坪沟护林点。几十年下来，儿女跟我们感情不深，两三年才见一次。去年难得回家看望母亲，母亲当时已经病重，没多久便去世了。"唐木英含着眼泪低语，"没照顾好母亲。"

"还有5年，我就要退休了。"梅香福告诉记者，"退休后，我就带着老婆、岳父一起去合肥，到儿女那养老。"憧憬伴着担心。下一个护林员会是谁，又能在这里待多久？梅香福还是担心这些树。

5. 小荷才露尖尖角——记河北省隆化县茅荆坝林场范国华

在河北省隆化县林管局系统有一位26年如一日，始终坚守在基层生产一线的技术人员。他先后从事施工员、林区主任、苗圃主任、技术员等职务。无论在什么岗位上都坚持做到干一行、专一行、爱一行，并在平凡的工作岗位上做出了不平凡的业绩。他就是茅荆坝林场生产科职工范国华。

特别是今年7月，他和林管局另外两名职工代表河北省林业厅在"2015中国技能大赛——全国国有林场职业技能竞赛"中，以优异的成绩分别获得团体二等奖和个人三等奖的殊荣，为隆化县争得了荣誉、为茅荆坝林场画上了浓墨重彩的一笔。

（1）加强学习，提高技术水平

茅荆坝林场生产科担负着全场森林资源监测，"三项作业"方案编制、检查、验收、造林，病虫害防治等项工作。身为一名技术员深知自己所学专业知识不能满足新时期技术操作规程的需要，为了进一步提高自身技术水平2011年他参加了河北农业大学林学院组织的专业技术培训获大学学历。在校学习阶段，他认真听讲做好学习笔记，同时结合生产实践遇到不懂的技术难题就向专家教授请教，最终以优异成绩取得结业证书。通过这次的历练学习，使他的专业技术水平有了较大的提高。他负责全场3个大林区的生产指导、检查、验收工作。为了做好每项工作，他不怕辛苦、亲临生产一线指导工作。每到林区生产作业任务下来的时候，他都要逐一小班地块过目，为了确定好边界"四至"又要下林区每个小班向林区施工员交代好，准确无误后方可放心。林区有时生产上遇到解决不了的技术难题，他每次都要亲临现场解决。所以他每到一个林区，林区职工都亲切地称呼他"范技师"来了，我们的问题就好解决了。

（2）艰苦创业，干好本职工作

了解林场工作的人都知道，生产工作既辛苦又繁忙，专业技术性较强。

国家实施中央财政补贴中幼抚项目以来，茅荆坝林场每年完成 1333 多公顷。这样一来，外业调查、内业计算、方案编制等工作重担就落在生产科。生产科人员少、任务重，作为技术骨干为了尽快完成任务，他起早贪黑、白天上山、晚上还要加班加点计算内业、绘制图表，天天就这样忙碌着。夏天到林区下乡时，几乎每天都是头顶炎炎烈日，脚下还要淌着露水，一到山下裤子已经湿了大半截，那种上面蒸着下面湿着的滋味平常人无法想象。中午时常还要在山上吃烧饼就着咸菜条喝着山泉水，下午二三点钟下山是常事，一到林区是又累又渴又饿。由于经常淌露水，他患上了关节炎。等到了冬天，他还得顶风冒雪进深山调查。记得 2014 年冬天，雪又大又深，一脚踩下去就有脚脖子深甚至有的地方还没过小腿。他穿着水鞋进山调查，一天下来不知道要摔多少跤，摔伤、被树枝划伤时有发生。特别是在外业调查检尺记录时，戴手套厚了握笔不方便，戴薄了更是冻手，把手冻得像猫咬似的疼。为了不影响记录，他在检尺时摘下手套，把手捂在嘴边用嘴呼出热气嘘嘘取暖。冻脚了就一边记一边跺脚，中午饿了啃凉馒头、渴了吃冰块或雪块，由于经常吃凉食物他又患上了胃病。林场人就是在这样艰苦的工作环境下，默默坚守，经过他的不懈努力，茅荆坝林场连续 5 年中幼抚项目顺利通过国家和省、市林业主管部门的检查验收，并受到各级领导的一致称赞和好评。

（3）科技创新，助推林业发展

实践证明："科学技术是第一生产力"。因此，科研工作必须做到细致、精准，有耐心。特别是范国华在 2005 年负责科研苗圃工作时，凭着这种信念使科技兴林工作稳步推进。当时全光照日本落叶松嫩枝扦插技术是中国林科院在茅荆坝林场确定的攻关课题，采穗圃的情况比较复杂。他查阅了历年的点位图和其他的技术员逐品系按棵核对。春天正是沙尘暴肆虐，手脚冻得冰凉，一张嘴吹进满口的沙面，双眼更不能幸免，但他仍坚持到底，全部核对清楚才罢手。夏季 7 月中旬正是扦插的季节，在扦插时由于枝嫩，必须起早趁凉插完。扦插完后的工作就更辛苦了，分不同的时期阶段观察生根情况，有时凌晨 2 点还要观察。白天有电还好点，看着机器自动喷雾，一遇停电就麻烦了，赶紧发动柴油机抽水，背着喷雾器全床定时喷一遍。别的职工在午休，他还得顶着烈日喷水，一时经营不到苗子就会打蔫。就这样，通过他的辛勤劳动，秋季一棵棵苗壮的小苗生根了，生根后还要逐一调查生根数、偏根情况、苗高和地径。他每做一项工作时，都非常的认真负责，一组组数据传到中国林科院专家手中再由专家整理出成果，终于在 2008 年该课题研究获得国家科技进步二等奖。

（4）提高技能，大赛载誉而归

2015 年 6 月 26 日，范国华接到林管局下达由他和管局其他林场组成的 3 人小组代表河北省林业厅，参加"全国国有林场职工技能大赛"的通知。由于临近比赛还有 10 多天的时间，他们 3 人紧急集合一起来到千松甸林区进行急训。在训练过程中，他非常重视这次机会，早出晚归、刻苦训练，由生产科同志配合做好标准地。他们在标准地内，通过无数次的模拟训练，并对每一棵树的胸径、树高进行目测、对照实测找经验，并在规定的时间内，完成 0.2 公顷标准地内目标树和采伐木的准确确定。正是通过无数次的模拟训练、总结经验，范国华练就了过硬的林业技术。为赢得大赛奠定了坚实基础。2015 年 7 月 16 日，在黑龙江省万人欢林场举办的"2015 年全国国有林场职工技能大赛"中，他和他的工友一举夺得团体比赛二等奖，个人获得第 10 名，并获得个人三等奖的好成绩，为河北省林业战线上的职工争得了荣誉，受到省、市、县林业主管部门领导的高度评价。

（5）顾全大局，舍小家顾大家

2014 年年底，范国华年迈的母亲生病住院，当时正是生产外业调查忙的时候。为了赶进度，他匆忙到医院看望母亲，安排好住院手续后就又回到工作岗位。当时他母亲把他叫到身边说"儿子，你上班去吧，不要耽误工作我没事的。"他没想到，不久后老母亲去世了。为了工作，没有好好地在老母亲身边陪护是他一生中最大的遗憾。也就是这年，他妻子患病住进了承德附属医院，他知道后也是安排好住院，办完手续后，找他姐姐帮忙照顾，又匆忙赶回工作岗位上。其实全场职工都知道，他妻子是一名下岗工人，体弱多病，他经常是撇家舍业，一心扑在工作上。在妻子眼里他不是"好丈夫"，在孩子眼里他不是"好父亲"，在单位里他却是一名优秀的共产党员。他先后两次受县政府嘉奖，多次获林场先进工作者。每当领到一枚枚奖章和奖励证书时，妻子脸上洋溢出了喜悦的笑容，他调侃地说："奖章有我的一半、也有爱妻的一半"。

范国华作为林场接班子女，他没有忘记父亲在林场工作期间的那种忘我劳动的身影和那种特别能战斗的精神。作为新时期国有林业的建设者，他始终发扬那种勤学苦练，奋发向上的高尚品德。坚持用自己掌握的专业知识服务于绿色事业，用自己的实际行动在工作岗位上，展现新时期务林人的风采，用更好工作热情，主动去践行社会主义核心价值观。

附录12　国有林场职工随笔

1. 平凡岗位上的大山赤子

他，是一名普通的林业工作者；他，是一名林业工程师；他，是平凡岗位上的大山赤子。他扎根林区，服务基层，任劳任怨，一干就是35年。他，就是高峰林场原六里分场技术员张洪球，我们都习惯叫他"张工"。2012年，张工因病已经永远地离开了这个世界，享年只有54岁。但是，在这里，我想说，张工——他永远是我们林业工作者学习的楷模。

几十年的林业基层工作，张工都能兢兢业业，勤勤恳恳，任劳任怨，出色地完成分场的造林任务；他管理造出的林子与众不同，质量过硬，效益可观。2013年，分场管理的12林班共43.2公顷的桉萌芽林砍伐，出材4745立方米，平均7.3立方米/亩，招标价258万元。这是当年分场砍伐中出材率最高、价钱卖得最高的林子。究其原因，原来这片林子的保存率相当高，长势非常均匀，是技术人员张工从2005年开始亲手经营管理的。我们知道，林子长势的好坏除了跟立地条件有关，更重要的是管理。这片林子2005年开始种植桉树，到2013年砍伐了两代，在8年的管理中，从造林备耕到种植、施肥、抚育，张工都管理得非常细致，经常吃住在工地忘我地工作，林地的每个角落都留下了他的脚印和汗水。他的付出有了回报。可惜，2013年砍伐时他再也看不到了。我们为此感到很惋惜。说到这里，我想对九泉之下的张工说："张工，你好样的，你管护的林子出材率很高，卖出了好价钱，你的汗水没有白流，你是我们学习的榜样！"

我于2009年2月通过竞聘来到六里分场工作，同年6月有幸参加二类调查工作，当时一起参加调查的几个技术员也是刚到六里分场工作不久，对分场的场情、林情都不是很熟悉。而听分场的老职工说："张工是六里的元老，已经在六里分场工作几十年了。他对分场的一草一木，一坑一树都了解得清清楚楚，他的青春是在六里这片土地上度过的"。在此后的调查中，事实证明了一切，张工充当了分场调查工作的"中坚力量"，他就是一张"活地图"，整个六里分场的地形地貌都印在他的脑海里。在调查中，我们有不了解的地方请教他，他不用看地形图都能说出个一五一十，而他对地形图更是了如指掌，当别的技术员还在图纸上找某小班怎么走的时候，他已经说出了该小班的位置和地名，并在地形图上给予指点。有了张工这张"活地图"，我们的调查工作开展起来非常顺利，提前完成了工作任务。不仅如此，在2009年

12 月，六里分场的领导班子全部换新，新的领导班子到来时，也是在张工这张"活地图"的指点下更快地熟悉了分场的林情。尤其是当时正在实行的集体林权制度改革，张工发挥了巨大作用，有他在，很快就搞清楚分场与周边农村的边界林权问题。

张工几十年来长期工作、生活在林业基层，职工们对他的评价就是：作风优良，为人正直，遵纪守法，有高尚的品德和良好的精神风貌。他关心职工，团结职工，无论是在工作、生活还是学习中，都能以身作则，为同事作出了表率。能做到办事不推诿，遇难不回避，做到不贪不占，不损害集体利益，清正廉洁。

他很平凡，他没有做出什么惊天动地的伟绩，他只是众多林业工作者中普通的一员，但是，30 多年平凡岗位上的默默奉献，使得这一方山水独秀，树木葱茏，人与自然和谐相处。有句话说"把平凡的事做好，你就不平凡；把简单的事做好，你就不简单"。张工很平凡，但他决不简单！

时间有限，感人的故事不能在此一一道来。但是，他的故事永远感动和影响着我们每一个林业工作者！他永远值得我们学习！

2. 色树沟的秋

一进 9 月，就有了秋天的味道。

秋的味道在一个多雾的黎明悄然袭来，到了炎热的下午又偷偷溜走。它踮起脚尖掠过树顶，染红几片叶子；然后，乘着一缕风掠过山谷，擦黄几棵小草。

秋天的美是成熟的——它不像春那么羞涩，夏那么坦露，冬那么内向；秋天的美是理智的——它不像春那么妩媚，夏那么火热，冬那么含蓄。秋天的美是一种内敛的、谨慎的美。

身处河北省木兰林管局北沟林场北沟营林区，这里的秋天虽没有"天高云淡，望断南飞雁"的那般高雅，但"自古逢秋悲寂寥，我言秋日胜春朝"的那种出奇的美却无处不在。

踏进北沟西色树沟流域区的大门，首先跳入眼帘的是一株红的如火苗般热烈的五角枫，每一片树叶挂在树上，好像一朵朵开得正艳的花，飘落在空中，那一朵朵的鲜红又化成一只只挥舞着翅膀正在翩然起舞的蝴蝶，落在树旁的草叶上，便成了点缀黄绿相间的草叶上的最好的装饰，仿佛又为快要干枯的小草迎来了一次崭新的生命一样，充满了对下一个轮回的无限期待。已经黄透了的白桦树叶，正在用它暮年的颜色把白桦的树干映衬的更加洁白，一棵棵洁白的桦树站在那里就好像穿着淡黄色花裙的少女一样，亭亭玉立。

放眼望去，山谷里已经不再是夏天的青葱碧绿，而是完全可以用"色彩斑斓"来形容。枫红、桦白、松青、草黄再加上越来越高的蔚蓝色天空，交相映衬，处身其中，就仿佛走进了一只万花筒，让人眼花缭乱的迷人色彩，不禁会让你流连忘返。

回想刚参加工作之时，那时我的眼中，林业工作是一个比较辛苦，枯燥无味的工作。现在细细想来，忽然觉得能在这样一个优美的环境中工作是一种来之不易的幸福。闲暇时也在想，林业工作固然辛苦，可是当我们穿行在密林深处，在山上欣赏着美景工作的时候，却是另一种感受，那是一种城市人无限向往的奢侈享受。也许，再也没有哪一种工作可以一边工作，一边在"天然氧吧"内健身了。现代人更多时候是开着车到郊外，然后再选择用登山来锻炼身体。至于枯燥无味，我想就更不需要多说什么了，城市的喧嚣，笼罩在灰蒙蒙的雾霾下，要想选择一份宁静与清新，近乎于奢望。身处在林区这样的环境中，美丽的景色就足以让我们应接不暇了，又何谈枯燥呢？写到这里，我不禁想起这样一句话"生活中美好的事物到处都是，只是我们缺少一双善于发现美好事物的眼睛。"

是啊，像我们这一代年轻人，大多数都在蜜罐里长大，从来没有吃过什么苦，受过什么累，但还总是抱怨，总是充满对现状的各种不满与责备。可是当我们静下心来好好思考一下，与我们同龄的青年人相比，还有多少人还在外奔波，为了一份工作四处碰壁，还有多少贫困山区的孩子甚至上不起学，吃不饱，穿不暖，我们还何谈抱怨啊？所以，面对现实，我们更应该有一双善于发现"美"的眼睛，懂得知足，学会感恩。感恩父母，感恩社会，感恩所有对我们有帮助的人和事。生活中，我们还要保持一颗平常心，用一种最平常的心态去面对该面对的生活，少赘述，多行动，不抱怨，多做事。

"又逢秋风树叶黄，千山增色待春长"，作为新一代林业人的我们，一定要像林业老前辈那样，用一辈子的激情与乐观去扎根林业，用一种坦然的态度去面对生活，用一颗感恩奉献的心去面对所有人，用自己的青春和汗水浇灌着万山青翠，去描绘美丽木兰更加绚烂多彩的明天。

3. 梅花香自苦寒来

作为一名绿色卫士，林中之子，我是多么深爱着自己的职业。护林员，一个普通的称呼，无论是生活条件还是工资待遇，都十分的差，子女上学，生病就医，我们都是无可奈何，但是我们并没有因此而放弃自己神圣的职业，而是将自己的青春献给了深爱的大山。

2001 年从学校毕业，怀揣着一颗梦想，想象着自己以后的工作，心里准备着大干一番，充满激情与希望，但现实与希望的差距实在是太大了。毕业后被分配到了昌宁县天堂林场最基层护林点工作，这是我有生以来第一次进入这么深的林子，车子沿着弯曲的山路，翻过一山比一山高的树林，最后在一个山洼里，看见一小院整齐的木房，几缕与世隔绝的炊烟，进入院内，室内几把木椅几张木床，床头几本旧书籍。简单，平淡，这就是护林人的生活，一种潮润袭进心灵。就这样，我成为了一名护林员。

林区里没有电话，虽然通电，但是三天两头的停，一个月就七八天可以正常照明，下山要走 20 多千米的山路，几乎与外界隔绝，艰苦没法说。在荒山野岭，与空寂的森林为伴。大山里的生活单调、枯燥和寂寞，一种心灰意冷之感随着袭来，一种失落与失望袭来，感觉度日如年，每天都在盼着天黑，希望天永远不要亮，不愿意面对现实，不敢面对阵阵松涛。很想回到父母身边大哭一场，永远离开这个地方，泪水淋湿了枕巾，湿了涛声。可想到父母脸朝黄土背朝天地供我读书，找到一份工作来之不易，顿时觉得生命是一种耐心和坚韧。心情慢慢平静下来，在大山的关怀下振作了起来，渐渐地习惯了这一种近乎无奈的心态，平静地面对这一切苦乐，在巡视山林时，看看高大古老的树木和奔跑的动物，心里也就平静了许多，接受了现实。

就这样开始干起了护林工作，每天跟着两名男护林员进行巡山护林并负责搞好后勤工作。林区里虽然有简易的公路，但没有车子上山，回家办伙食只能靠步行，上山前先搭一段客车或摩托车，然后再步行进山，到护林点走路大概要 4 个小时，每次回家我都要背一个大包，除了一些日用品，还带些蔬菜、肉之类的。为了防止路上遇见蛇或野兽，我专门砍了一根石竹用以防身，就这样一路上有树木、野兽为伴，有野花作伴到达护林点。

我所在的护林点共管辖467 公顷森林，3 个护林员，我们早上 8 点多钟吃过早饭就上山了，直到下午 5 点左右才回家做饭。后来，由于办伙食困难，我们多数买些干菜，一上山就是一个月。为了解决吃菜问题，我在护林点的背后挖了块菜地，种上了一些青菜、白菜之类的小菜，通过我细心呵护，我们一年四季都可以吃到新鲜的蔬菜了。

林场由于管护面积大，护林防火任务十分艰巨，于是林场开挖了一条40 多千米的护林防火通道。林场缺乏资金进行管护，只能由各护林点进行维护，这样，我们除了管护好林区以外还要维护好近 10 千米的公路（护林防火通道）。林场由于所处海拔较高，常年寒冷，一雨即冬，常年大雾弥漫，4 月进入雨季直到 10 月才结束，有半年多的时间除了巡山护林我们还要维护公路。这一切我已不觉得苦，因为这样可以让我感觉到充实。工作累点，生活苦点，对于我来说不是什么问题，只要下雨，我就会到路上看看侧沟有没有被堵住，路上有没有塌方，公路有没有被冲垮，渐渐的，这就成了我的一种习惯。

雨季，我们在山上是十天半月也见不到人影的，就这样，无论是雨天还是晴日，每天在这片林子里巡视，熟悉着这里的每一种植物和动物，踏遍了山群里的每一寸肌肤，遇到有人上山游玩时，我会对他们进行防火知识的宣传教育，偶尔有非法捕猎和盗伐林木的，我都会耐心地劝说，给他们讲护林的意义，慢慢地我们成为了朋友，他们对我的工作给予了很大的支持，林区在我们的管护下，非法捕猎和盗伐林木的行为少了，林区恢复了平静，并且创下连年无火警火灾发生的好成绩，得到了领导和同事的肯定。

每天巡视着森林，修缮着山间每一条小路，种着属于我们 3 个人的小菜园，慢慢的少了一份空虚，多了一份充实。感觉天更蓝了、树更绿了，感受到了空气的清新。看着祁连山群峰如浪，林涛如流，也会有一种激动和惊喜。

深山里的工作让我学会了坚强，明白了什么叫责任，在护林工作中，多数时间是一个人坚守岗位。有一次我的两个同事被抽调到别的岗位，恰逢雨季，近 10 天里我没有见到过一个人影，每天在大雾蒙蒙的深山里过着孤独的护林生活。由于连日的大雨，我感冒了，发烧，又没有药，没有电话也联系不到家人，没有办法只能到山里找些草药吃，终于坚持了下来。

我爱自己的职业，但我更想在自己的职业中取得更大的突破，于是我不断的加强学习。白天巡山护林，晚上我就看看半月谈、报纸、杂志和一些业务书籍，一开始可以说是为了充实自己，摆脱孤独与寂寞，但后来慢慢地成为了一种习惯，我爱上了书，我报名参加了国家公务员考试，笔试成绩出来我都吃惊了，竟然得了第一名，但面试时我失败了，又背起背包上了山，我没有气馁，通过这次面试我看到了自己的不足，深山里的生活我确实是落伍了，与日新月异的时代发展不相适应了，我更应该做的是搞好工作的同时进一步加强学习，不断提高自身的综合素质。于是，我参加了法律专业本科的自学考试。功夫不负有心人，通过我的努力，每次我都顺利通过了所报考的科目。由于我的好学，领导将我调回林场搞财务工作。财务工作是一个专业性很强的工作，接触新的专业，为了不辜负领导对我的信任，适应新的工作岗位，必须从头学起。我上学时学的不是财务专业，为了迅速适应新的工作岗位，我认真自学关于财务方面的相关知识，积极参加电脑培训和财务知识的培训，边学习，边实践，边提高，通过一段时间的摸索，我已能够熟练地搞好自己的本职工作。

到了林场场部后，工作面宽了，除了搞好财务工作外，还要搞好办公室的工作和进行巡山护林。工作多了，学习的机会也就多了，自己也就更充实了。为了提高自己，我写了入党申请书，加入了中国共产党，无论在工作还是生活中我都以党员的标准严格要求自己，虚心向老同志学习。

后来，我调回了城里工作。我常常为自己在大山里的那种活法激动得热泪盈眶，我认为耐住孤独与寂寞不仅是生活的境界，也是生命的境界。

是啊，我们护林员是默默无闻的，一生与山林为伴，一生与山林相守，最后把灵魂也交给了大山。此前我们有着天一般高的理想，海一般大的志向，但最终我们还是爱上了大山，成了大山的灵魂。所有的护林员，都把青春留给了大山，留给子孙后代一片宝贵的绿。

如果不是有幸追随护林员的脚步进入护林生活，我不会知道美丽林区的背后有多少人付出过辛勤，永远不能体会护林工作的辛苦与艰难，永远无法知道深山里冬日有美丽的春天，我只能说做过护林员是我的骄傲，更是我爱自己职业的最好理由。

4. 最美

我们是务林人，
肩负着播撒绿色的使命，
在纵横的沟壑里耕耘，
把荆棘遍布的荒山开垦，
植树、造林、防火、防虫，
勘察、设计、采伐、培育，
丛林里，一个个矫健的身影，
山路上，一串串爽朗的笑声。
林地里有我们洒下的汗滴，
苗床上有我们轻轻的细语。
风雨严寒摧不垮我们的身躯，
绿色迷彩遮不住青春的美丽。
没有豪言的铿锵，
没有感天动地的诗行，

在似火的阳光里，

在白雪皑皑的山坡上，

我们是一道最美的风景。

为了母亲河重返昔日光彩，

为了风沙不再肆虐，

为了森林能泽荫后代，

我们从未停歇过前进的脚步，

我们心头永远镌刻着责任与使命。

有一种理想叫信仰，

有一种凝聚叫力量，

有一种声音告诉我们要挺起脊梁。

拧在一起我们就是一道闪电，一束火光，

聚在一块我们就是整个星空，整个太阳，

站在一处我们就是一面最美的绿色城墙。

附录 13   2015 年国有林场十件大事

一、中共中央、国务院印发《国有林场改革方案》和《国有林区改革指导意见》

2 月 8 日，中共中央、国务院印发《国有林场改革方案》和《国有林区改革指导意见》（中发〔2015〕6 号），方案明确了国有林场改革的总体目标、指导思想、基本原则、主要任务及改革发展的政策支持体系，这是党中央、国务院对国有林场改革首次作出全面部署，是建设生态文明和美丽中国的标志性大事，在我国森林发展史、林业发展史上具有里程碑意义。

方案的印发标志着国有林场改革上升为重大国家战略和全面深化改革的重大国家举措，标志着党中央、国务院站在维护国家生态安全、推进生态文明建设、实现中华民族永续发展的历史角度和战略高度，吹响了全面推进国有林场改革的进军号角。

二、国务院召开国有林场改革工作电视电话会议

3 月 17 日，国务院召开了全国国有林场和国有林区改革工作电视电话会议，这是首次以国务院名义召开的国有林场工作会议。国务院副总理汪洋同志出席会议并作重要讲话，国家发改委、财政部、银监会和国家林业局等部门负责同志分别做了发言。

会议要求要认真贯彻落实党中央、国务院关于深化国有林场改革的决策部署，围绕发挥生态功能、维护生态安全的战略定位，加快健全森林资源监管体制，创新资源管护方式，完善支持政策体系，推动林业发展由木材生产为主转向生态修复和建设为主、由利用森林获取经济利益为主转向提供生态服务为主，为促进生态文明建设和经济社会可持续发展提供有力保障。

会议强调，坚持生态导向、保护优先，是国有林场改革的第一原则。要积极推进国有林场林区政企事分开，形成精简高效的国有森林资源管理机构，建立归属清晰、权责明确、监管有效的森林资源产权制度。要立足发挥绿色资源优势，大力发展特色产业、替代产业、接续产业，多措并举促进职工就业增收，加快完善基础设施和公共服务，妥善解决基本民生问题。各省级人民政府和国家有关部门要明确改革任务，落实支持政策，切实加强领导，认真组织实施。

三、浙江、江西等 6 省国有林场改革试点通过验收

11 月至 12 月，国家国有林场和国有林区改革工作小组组织联合验收工作组先后对浙江、江西、甘肃、湖南、山东、河北6个省改革试点工作进行了验收。总体上看，6省紧紧围绕"保生态、保民生、保稳定"的目标，积极探索，大胆实践，顺利完成了体制改革、机制创新、民生改善等国有林场改革试点任务，坚持了生态公益改革方向，保障改善了民生，创新了发展机制，完善了支持政策，保护了森林资源，赢得了林场干部职工的拥护支持，得到了各级领导和有关部门的好评，为全国国有林场改革积累了宝贵经验，特别是江西"始终坚持公益性改革方向、地方政府作为责任主体、部门联动合力推进改革、地方财政承担改革资金兜底责任、民生为本解决改革的难点问题、严把改革质量关"的改革经验，为全国发挥了重要的引领示范作用。

四、广东省率先启动国有林场改革

9月29日，中共广东省委、广东省人民政府印发《广东省国有林场改革实施方案》。这是中发〔2015〕6号文件发布以来，第一个经省委、省政府审议通过并获国家批复的省级实施方案，也是第一个以省委文件印发的省级改革实施方案，标志着广东省贯彻中发〔2015〕6号文件精神，率先迈出了全面启动国有林场改革的实质性步伐，为全国国有林场改革带了个好头。

广东省国有林场改革方案的主要亮点有三：一是明确国有林场公益性取向，将全省国有林场全部界定为公益性事业单位；二是强化林地林木资源管理，明确要求2015年底前完成国有林场林权确权发证；三是财政支持政策有力，省财政对省属林场、原中央苏区县和少数民族县按照2万元/人的标准给予补助，对其他欠发达地区按照1.5万元/人的标准给予补助，珠三角地区改革资金由市、县财政解决。同时，省财政按1元/亩的标准安排国有林场改革工作经费，为改革提供了坚强有力的保障。

五、国家林业局、人力资源和社会保障部出台《国有林场岗位设置管理指导意见》

6月9日，国家林业局、人力资源和社会保障部联合印发《国有林场岗位设置管理指导意见》（以下简称《指导意见》）。《指导意见》对国有林场岗位类别、岗位结构、岗位等级，特别是专业技术岗位名称及岗位等级作出了明确规定，提出了以技术岗位和工勤技能岗位为主、高级技术岗位"上不封顶"、专业技术中级岗位及工勤技能一级、二级岗位比例均适当高于全国平均水平等岗位设置原则和具体要求。这是首次针对国有林场量身定制的岗位设置规范，为国有林场人事制度改革提供了重要遵循，标志着国有林场科学化、规范化管理迈出了重要一步，有利于吸引人才、留住人才，建设一支专业强、素质高的国有林场人才队伍，充分调动广大国有林场职工的积极性和创造性，为守住绿水青山、维护生态安全、建设生态文明做出更大贡献。

六、"绿水青山生态脊梁—百家媒体百名记者进林场"主题宣传活动取得显著成效

6月至12月，国家林业局组织新华社、人民日报、经济日报、中国绿色时报等中央和地方100余家媒体开展了"绿水青山生态脊梁－百家媒体百名记者进林场"主题宣传活动。活动集中深入黑龙江、海南、山东、甘肃等14个省份28条重点采访线路，紧紧围绕国有林场改革主题进行深度采访，在《人民日报》《新华社》《中国改革报》《人民网》等主流媒体上发表《承德木兰林场连续6年将砍伐指标主动减半》《国有林场生存现状调查》等140余篇作品，深入解读了相关政策、直面了改革问题、宣传了先行先试的成功模式和经验，为全面推进国有林场改革营造浓厚氛围，发挥了良好的舆论助推作用。

七、2015年中国技能大赛——全国国有林场职业技能竞赛在黑龙江省宾县万人欢林场成功举办

7月14～16日，"2015年中国技能大赛——全国国有林场职业技能竞赛"在黑龙江省宾县万人欢林场成功举办。该竞赛由国家林业局、中国就业培训技术指导中心和中国农林水利工会主办，黑龙江省林业厅承办。27个省份，及四大森工集团、中国林业科学院的32个代表队参加了竞赛。竞赛以"提升技能促生态、历练队伍展风采"为主题，围绕我国森林经营的主要核心技能——天然林抚育展开，选择天然林林分因子调查和采用目标树作业法实施天然林抚育模拟施工两项内容作为竞赛项目。经过激烈的比拼，黑龙江省尚志国有林场管理局小九林场的赵鑫等30人分获一、二、三等奖和优秀奖，黑龙江等10省份（森工集团）分获团体一、二、三等奖。获得一、二等奖的选手将分获全国"五一"劳动奖章和"全国技术能手"荣誉称号。国家林业局党组成员、中央纪委驻局纪检组组长陈述贤，全国总工会书记处书记、党组成员赵世洪等领导为获奖个人和团体颁奖。

竞赛是全国林业系统唯一的国家级二类竞赛，竞赛的成功举办，激发了精益求精的拼搏精神，展示了积极进取的时代风采，达到了提升技能促生态、历练队伍促改革的良好效果。

八、"中国北方森林经营实验示范区"在河北省木兰围场国有林场建成

7月11日，国有林场森林经营方案实施示范林场建设重点扶持项目——

"中国北方森林经营实验示范区"在河北省木兰围场国有林场管理局建成并通过验收。该示范区采用"近自然经营"理念,积极借鉴德国、法国、奥地利、芬兰、美国等国外森林经营先进经验,结合本地实际,探索建立了"以目标树经营为主的近自然全流域经营"体系,建成了包括乔林经营、落桦中林经营、矮林转化经营、苗材兼用林经营、恒续林经营、流域经营、种源区块等36个主要经营模式的中国北方森林经营示范区。

示范区自建成以来,引起了林业行业和有关各界的广泛关注,先后有国内外专家学者1200多名到示范区考察、交流、学习,特别是承办了10多期全国和地方性的森林经营培训班,共有多名林业管理、技术人员参加了培训,对推广先进经营理念和森林经营技术,提高森林经营水平发挥了重要的示范带动作用,被誉为"中国森林经营教科书"。

九、40 万户国有林场职工喜迁新居

2015 年,国有林场危旧房改造工程竣工 45.6 万户,新开工建设 14104户,40 万户林场职工喜迁新居。该项工程自 2012 年启动以来,经过 4 年的努力,林场职工人均住房面积从改造前的 16 平方米提升至 27 平方米,极大地改善了国有林场职工的居住条件,基本结束了国有林场职工住工棚的历史。

危旧房改造是国有林场发展建设史上最大的民生工程,实现了林场人的住房梦,优化了林区生产力的布局,促进了林场办学、办医院等社会职能的分离,推动了林场职工融入城镇,有效改善了子女就学、就医条件,有力助推了国有林场改革与发展。

十、全国国有林场职工思想政治工作演讲大赛在广西成功举办

10 月 20～21 日,"高峰杯"国有林场思想政治工作演讲大赛在广西国有高峰林场举办。参赛选手既有默默奉献了几十年的老护林员,也有刚刚告别校园投身改革的"新生力量";既有主要管理人员,也有一线的普通工人,他们围绕"我与国有林场"主题,以"林场人"的视角,深情演绎了林场人的"改革情"和"林场梦",来自广西高峰林场的马青清荣获特等奖,广西国有高峰林场的韦健、河北省塞罕坝机械林场的魏路吉等 19 名参赛选手分获一、二、三等奖。这次演讲大赛受到社会广泛关注,《人民网》直播点击率达到 180 多万次,激发了广大干部职工的干事创业的激情,振奋了干部职工投身改革发展的精神,为国有林场改革营造了良好的氛围。